挑戦女子

夢を叶え、仕事も恋愛もお金も手に入れる

岡本浩実
メイクアップアーティスト

合同フォレスト

はじめに

54歳のとき、イタリアの高級バイク、ドゥカティ（Ducati）の新車を400万円で購入しました。

たまたま名古屋で仕事があった帰りに街を歩いていると、バイクショップが目に留まり、ショールームに飾られていた真っ白なフォルムのレーサー仕様、排気量900CCの大型バイクに一目ぼれしてしまったのです。

私は免許もないのに、その場でドゥカティを購入しました。

頭の中には真っ白なバイクに真っ白な革ジャン、白いブーツ、白い手袋、白いヘルメット姿でまたがっている自分の姿が鮮明にイメージできたのです。

契約後、友人たちに伝えると、「あなたね、順番が他の人とまるで逆よ」と呆れられてしまいました。

確かに、普通は免許を取ってからバイクを買うのでしょうが、私はバイクを買ってから免許を取ったのです。

現実に生きる人たちは、現実の中で、現実的に生きています。

しかし、私の人生はすべて逆で、夢を叶えるために生きてきました。

自分がやりたいと思ったらやる。

自分が面白いと思ったら、まっ先に手を挙げる。

自分が行きたいと思ったらどこでも行く。

……そんな生活を50年以上送ってきました。

「あなた、挑戦してるわね」と、また別の友人が言いました。

このとき私の頭の中に、「挑戦女子」という自分のライフスタイルを100パーセント楽しむ女性の生き方がひらめいたのです。

夢を叶えるために生きていく

「挑戦女子」とは、私が考えたオリジナルの言葉です。
常識の枠にとらわれない生き方、女性の新しいライフスタイルを提案しています。

自分の可能性に挑戦することは、年齢に関係なく必要なこと。
挑戦女子は、いくつになっても新しいことにチャレンジし続ける女性たちの総称です。

自らの手で幸せをつかみとれる女性のことです。

挑戦女子の生き方は、一言で言うと「見る前に跳べ」です。
これは英国生まれの詩人、W・H・オーデンの言葉で「頭で考えるよりも先に行動しょう」という意味です。

心配しすぎて何もできないまま人生が終わってしまう人がいます。見る前に跳ぶことで、失敗したり、傷つくことがあるかもしれません。しかし、その先には結果オーライが待っている、と私は確信しています。

面白くて、ワクワクする、自分らしい生き方です。

私の経験では、これは〝絶対〟と言い切れます。

挑戦女子は、やりたいことを全部やる女性のことです。

好奇心がいっぱいで、変化を恐れず挑戦します。

その結果、周りの人を惹きつけ、多くの人たちから応援されます。

自分の思い通りに、恋も、お金も、仕事も、すべての幸せを手に入れることができます。

20代、30代の女性を見ていると、自分を変えるために、まず見た目を磨こうと頑張っている女性がほとんどではないでしょうか。
痩せたいから好きな食べ物を我慢する。
かわいくなりたいからメイクに凝る。
一方で、一人でいるのが怖いので、常に同じような同性と群れている。
失敗するのが嫌だから何もやらない。
こうした女性たちのことを、私は「ムリかも女子」と呼んでいます。

その対極にあるのが挑戦女子です。
挑戦女子は、成功した未来のことしか考えていません。
ですから、いつもワクワクして新しいことにチャレンジできるのです。

もちろん、失敗することもたくさんあります。
でも、いいことも悪いこともすべて学習と捉えれば、失敗は失敗ではなく、成功への第一歩なのです。

いいか悪いか、できるかできないか、で判断するのではなく、あなた自身が「やりたいかやりたくないか」ですべてを決めて、今日から羽ばたいてみませんか。

そう、夢を叶えるために生きるのです。

時間もお金もなくても挑戦女子になれる！

私は、メイクアップアーティスト、スタイリスト、パーソナルカラーアナリストという3つの専門分野をもっています。女性の外見だけでなく、内面的にも美を磨く仕事を30年以上続けています。

これまで約1万8000人の女性を美しくするお手伝いをしてきました。

自分の人生を楽しんで生きている女性は、キラキラしていて本当にステキです。

そんな女性にすぐになれる方法があるとしたら、試してみたいと思いませんか。

お金がなくても、どんな環境でも、夢を叶えることは可能なのです。

私自身、30代前半まで貧乏暮らしで、離婚をし、自由な時間など望めないシングルマザーでした。

毎日必死に段ボールを折る内職をしても、月に1万円くらいしか稼げず、果たして子どもを育てることができるのか、これから先ずっと貧乏暮らしなのか、将来が不安で、涙が止まらない日もありました。

それでも忘れなかったのは、将来を夢見る力です。

どんなに大変でも、「一段落したら、スキューバダイビングをしたいなあ」「早く海外旅行に出かけられるようになりたいなあ」と、理想の自分の姿をイメージしながらワクワクする時間を大事にしていました。

転機はいつでも、出会いと一緒にやってきました。

口コミでメイクアップの仕事の評判が広まり、講演をしに行ったり、メイク教室を開いたり。

それがご縁で新しい紹介もあり、日本各地、海外にまで出向くようになりました。

趣味で始めたスキューバダイビングや乗馬など、興味をもったことにどんどんトライすることで、仲間や人脈が広がり、いつしか、やりたいことを全部できる自分になっていました。


「どうして、そんなにイキイキしているの?」

「どうしたら、そんなに楽しい毎日が過ごせるの?」

「私も岡本さんみたいになるにはどうしたらいいの?」

よく、メイク教室の生徒さんや友人の女性に聞かれます。

そこで、夢を実現するちょっとしたコツを伝えてきました。


本書には40年間かけて私が体現してきた人生のエッセンスを盛り込んでいます。

マネしてくれた周りの女性たちもどんどん夢を叶え、それぞれうれしい変化が訪れています。

仕事もプライベートも充実し、恋愛も人間関係もうまくいっています。

ちょっとした気づきで人生は劇的に変わります。
あなたも挑戦女子の仲間入りをしませんか?

もくじ

第2章 あなたの可能性を100パーセント広げる行動のルール

第3章 「挑戦女子」に生まれ変わる8つのレッスン

第4章 リミッターを外して愛も仕事もお金も手に入れる

第5章 キレイを捨てるとキレイになれる

第1章

常識の枠を打ち破る「挑戦女子」という生き方

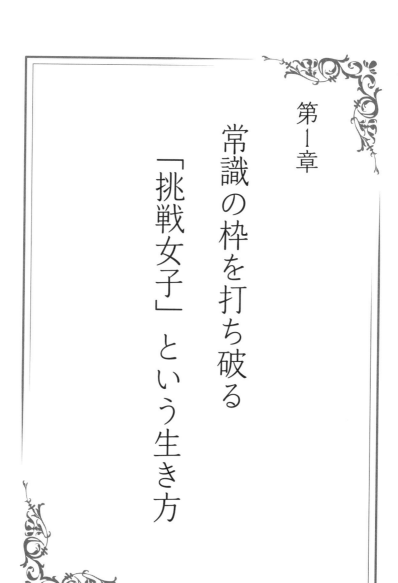

1 「出会いと挑戦」が人生を変える

いつまでも挑戦し続けたい。

私は人生のテーマに「出会いと挑戦」を掲げています。

人に出会い、それをきっかけに新しいことを知り、新しい経験のチャレンジの先に新鮮な出会いがあり、次の挑戦が待っている……。その連続で人生をワクワクと楽しめるようになるからです。


「やりたいことは全部やる」というのが挑戦女子。

挑戦というのは、「仕事を辞めて世界一周に出かけよう」といった大きな夢から、「気になっていた人に話しかけてみる」「口紅の色を変えてみる」のような小さな変化まで、すべてを指します。

ポイントは「自分から変えようと行動を起こす」かどうか。

最初の一歩はちょっとしたチャレンジだとしても、**「やってみたい」「やろう」と思ったことを続けていくと、自分でもびっくりするくらい楽しい人生が簡単に手に入る**のです。

私はメイクアップアーティストとして、日本国中を飛び回ってセミナーを開催したり、美や健康について講演を行ったりしています。

あるとき、知り合いの社長から「ぜひ韓国でセミナーをしてみないか」とオファーがありました。

美容大国の隣国でセミナーを開催することはとても魅力的でした。

そこで、「これはいいチャンス。思い切って韓国語を学び、いつか自分でセミナーを開こう」と考えたのです。

次の日さっそく参考書を買いに行き、我流ながらも勉強を始めました。

そして、韓国語を勉強していることを知人に伝えると、韓国人の先生を紹介してくれました。その先生に学んで勉強するうちに仲良くなり、韓国に住んでいる友達を紹介してくれることに。それならと、すぐに韓国旅行を計画して会いに行きました。

その方は韓国で活躍している女性経営者で、とてもイキイキと仕事をされていました。意気投合して盛り上がっていると、食事をしていたレストランのオーナーをその場で紹介してくれました。

そして、そのオーナーが、私が独身だということを知り、「いい人を紹介するから」というのです。すぐに知人の独身男性に電話をかけ、なんと翌日、お見合いをすることになりました。

待ち合わせの場所にやってきたのは、運転手付きのロールス・ロイスに乗った長身で渋い60代の男性でした。残念ながら電撃結婚には至りませんでしたが、楽しい時間を過ごし、新しい韓国語の表現もたくさん学ぶことができました。

帰国前にもう一度会いましょうと約束し、最後の夜に彼の知人と合流してディナーショーに出かけたのですが、なんとその方は、日本でも知らない人はいないくらい有名な韓流スターのお父さま。

とても刺激的な旅行でした。

韓国語の勉強を始めたときには予想もしなかった出会いが、新しい出会いを引き寄せてくれたのです。韓国にも知り合いが増え、セミナーを開くのもそう遠くない夢になりました。

人との出会いは、チャレンジに満ちています。

「知らない人と話すのが苦手」「新しい出会いは緊張してしまう」という人もいるでしょう。

でも、**最初のきっかけは、あくまでも身近にある「やりたいこと」への挑戦**です。

私の場合は、韓国語レッスンを受けたことが始まりです。

人見知りだからといって、相手が話しかけにくい鉄壁でガードしてしまっては台無しです。自分から話しかける勇気が足りなくても、「いつでも声をかけてください」という気持ちでいれば、出会いは向こうから寄ってきます。

私は韓国旅行中、一度も「紹介してください」とは言いませんでした。

ですが、「今こんなことを楽しんでいます」「こんなことに興味があるんです」とチャレンジしていることを話しただけで、出会いを引き寄せることができたのです。

あなたが、今「やってみたい」と思っていることはどんなことでしょうか。

明日からだって挑戦女子になれるのです。

2 やりたいことは人に伝えて引き寄せる

初めてのことに挑戦するのは、たとえ小さなことでも、本人にとっては大冒険です。

何から始めたらいいのか、まったく分からないということもあるでしょう。

そんなときは、**人に話してみる**ことをおすすめします。


「どう思われるか気になる」「理解してもらえなかったらどうしよう」と不安になるかもしれませんが、客観的な意見から知ることもたくさんあります。

むしろ、意外と面白いヒントをもらえることが多いのです。

それに、**人に話をすることで、やりたいことが頭の中で整理され、行動しやすくな**

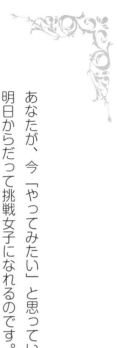

るというメリットもあります。

これまでに、何気なく人に伝えたことで、協力者を紹介してくれたり、その方が協力者になってくれたりと、多くの恩恵がありました。

なかには、興味をもたない人も否定してきた人もいます。

その場合は、「そういう意見もあるのね。ありがとう」と思うだけでＯＫです。

相手が否定してきたからといって、自分の気持ちを取り下げる必要はありません。

「やってみたい」というワクワクするような好奇心に、相手次第でフタをしてしまっては、もったいないことです。

否定されて落ち込みそうだったり、ストレスがたまりそうなときは、「話す相手を間違ったな」と、また別の人にどんどん話してみましょう。

私は趣味が多く、そのうちの一つに「サバイバルゲーム」があります。

モデルガンなどの玩具を使い、山の中や障害物がある場所で敵と味方に分かれて撃ち合うゲームです。女性にも人気が高まり、「サバゲー女子」と呼ばれたりしています。

当時、45歳で子どももいましたから、ママ友に「サバイバルゲームをやってみたい」と話したところで、興味をもってくれる人は誰もいませんでした。

あるとき、知り合った自衛隊の男性が、「僕の趣味はサバゲーです」と言うではありませんか。「女性にもできる?」と聞いたら、「できます!」と即答でした。

そこで、仕事仲間や独身女性などに声をかけると、5人ほど集まりました。話す相手を変えるだけで、興味をもつ人がたくさんいたのです。

そうして作ったのが、サバゲーの女性チーム「ピンクダイス」です。

もちろん、全員ド素人。それなのに、初めての対戦相手は現役自衛隊!

私たちにとってはゲームですが、相手は演習です。険しい山に連れていかれ、国旗掲揚があり、敬礼から始まりました。まずはモデルガンの撃ち方、隠れ方、森の中での敵の見つけ方などみっちり訓練されました。

そのうち、私たちは40人を超える巨大な女性チームになりました。いろいろなチームから対戦を申し込まれ、専門雑誌などに紹介されるまでになったのです。

野蛮な遊びのように思われるかもしれませんが、とても頭を使うゲームです。隠れたり逃げたり駆け回るので、かなりの運動量ですし、ストレス発散になります。とても楽しくて、今でも定期的にやっています。

自衛隊の方とも仲良くなって、記念式典にも招待していただきました。バッジをたくさんつけた自衛官の方々とお話しするなんて、普通に生活していたらなかなかありません。

やりたいことは、人に言うことで必ず寄ってきます。そして、想像もつかない出会いや体験が用意されているものです。どんなに小さなことでも、とても大きな広がりになります。

まずはいろいろな人に話してみましょう。それだけで、思いもよらない出来事につながるかもしれませんよ。

3 柄合わせは人合わせ

「類は友を呼ぶ」といいます。

周りを見渡せば、だいたい似たような環境の人が集まっていたりします。年齢も生活レベルも似たり寄ったり。だからこそ話も合いますし、共感する部分もたくさんあるでしょう。

しかし、**似たような生活をしているということは、気づかないうちに、チャレンジ精神をなくしてしまいがち**です。「周りも同じだから、これでいいんだ」と安心してしまうために、未知の世界を知ることを拒否してしまうのです。

そうすると、どんどん視野が狭くなっていきます。本当はもっともっと楽しいことが広がっているのに、気づけないのです。

もし、「やりたいことが分からない」のであれば、その可能性が高いでしょう。共感できる人だけと付き合っていれば、周りも同じようなことをやっているわけですから、新しい刺激は少なくなってしまいます。

新しく挑戦したいことを見つけて、ワクワクしながらそれを話せる環境であれば、お互いに挑戦し合いながら、楽しみを見つけていけます。

そうではなく、否定されたり、興味をもってくれないのなら、「環境を変える」「話す相手を変える」ことを考えるときかもしれません。

同じような環境にずっといると、それに慣れてしまって、変化を望まない人はたくさんいます。もし、足を引っ張る人がいるとしたら、あなたが変化していくのを恐れている可能性が高いのです。

私がサバイバルゲームのチームを作ったとき、自衛隊というまったく類の異なる人たちと仲良くなりました。

彼らの話はとても刺激的でした。

「僕たち、映画『海猿』に出ていたんですよ」「阪神・淡路大震災のときは、ヘリコプターで荷物を輸送していました」

そんな、ふだん聞けないような話がどんどん出てきます。実際に、現場で活躍している人たちの話を生で聞くなんて、お金では買えない体験です。

「サバイバルゲームをやってみたい」と思ったことがきっかけで、こんなに劇的な展開が待っているとは予想もしていませんでした。

つくづく、ママ友に興味をもってもらえなかったからといって、諦めなくてよかったと思うのです。


人付き合いは「柄合わせ」のようなものです。

どこかで合わなくても、場所を変えてみたら、ぴたっと合うことがあります。似た柄と柄は合いやすいものですが、意外と違うタイプの〝合わなさそう〟という柄も、大胆に組み合わせれば、美しく、すんなり収まることも多いものです。


これだけ、多種多様な価値観が世の中にあふれた時代です。

子育てをしながら働くワーキングマザーもいますし、女性のパイロットや女医さん、リケジョといわれる理系女子もいます。

思い込みにとらわれず、どんどん新しいことに挑戦していける時代なのです。

そのためには、**いろいろな人と会いましょう。**

人に会うと思いもしない情報が入ってきます。年齢や業種、性別も関係なく、いろいろな人と話をしてみるのです。

ちょっと周りを見渡してみて、話したことのないタイプの人に話しかけてみたり、興味のあるサークルに入ってみるのもいいと思います。友達の友達を紹介し合うのもいいアイデアです。

私は本当に人が大好きで、初めて会った人にも興味津々で話を聞きます。その人が今まで何を頑張ってきて、どんな挫折やピンチがあって、どんな工夫で切り抜けてきたか、それぞれの人生があって刺激になります。

自分よりも若い人の話はパワーがあって元気をもらえますし、年配の方の話は、たくさんの人生経験から導かれるアドバイスもあってありがたいものです。

そうして、**いろんな人と話をするたびに、やってみたいこと、ワクワクすることがどんどん見つかります。**

「やりたいことが分からない」なんて言っていられないくらいに。

4 挑戦女子は環境で作られる

「人は環境で作られる」といいます。確かに環境は大事です。

周りが仲の良い夫婦ばかりなら結婚をプラスに捉えますし、友達に外国人が増えれば英語にも親しめるでしょう。周りが仕事に疲れてイヤイヤ働いている人ばかりなら仕事に対するモチベーションは落ちますし、美しいしぐさを身につけたキレイな人と一緒にいれば、自然と自分もマネをしてキレイになります。

子育て中で幼稚園の送り迎えがある環境で、周りのママたちがすっぴんに近い状態なら、そういう環境になっているはずです。反対に、薄化粧でも身づくろいして外に出てくるママがいれば、周りも少しずつきちんとして出てくるようになります。
環境がすべてを決めるといってもいいでしょう。

「自分を変えたい。でも、どこから変えていいか分からない」とよく相談されます。
そういうとき、私は「環境を変えてみたら?」と提案します。
人付き合いを変えるのは意外に大変です。でも、環境なら自分次第で今すぐにでも変えることができます。

一番効果があるのは、引っ越しをして家の環境を変えたり、会社員なら転職をして会社の環境を変えること。習い事に通っているのなら新しい教室に学びに行くのもいいと思います。

可能な限り、大きく変えてみてください。その効果に驚くはずです。

とはいえ、今すぐ大きな環境の変化は難しい場合もあります。家族の事情や仕事で抱えている責任などもあるでしょう。
そういう場合は、「新しい環境を作ってみたら?」と提案しています。

簡単なことでいいんです。

たとえば、ふだんメイクをしないのであれば、きちんとメイクをする習慣をつけるなど。それだけでも行くお店が変わったり、話す相手や話す内容、読む雑誌やアンテナの立て方が変わったりします。

「聞く音楽を変えてみる」「家の中の家具の配置や間取りを変えてみる」「食べるものを変える」そんなことでも波及効果はあります。

ポイントは、**5年以上同じ習慣を続けない**ことです。

毎日当たり前のように繰り返していることを、あえて壊してみるのです。新しい習慣を生み出すことが、新たな環境を作り出します。

手っ取り早く、新しい環境に踏み込むのもいいでしょう。

1日限りの料理教室に参加してみたり、異業種交流会に出かけてみたり。今いる環境とは違うところに新たな交流をもつと、新鮮な空気を身にまとうことができます。

新しい環境には、これまでとは違うタイプの人がいます。異業種交流会では、いろいろな働き方があると知ることができるでしょう。

職場や職種、役割が変われば、考え方もそれぞれ。**今の職場で悩んでいることも、環境を変えて相談してみれば、まったく違う視点で答えが見つかるかも**しれません。

私が最近お会いした女性は、子育てが一段落した時間を利用し、自宅を開放して教室を始めて「サロネーゼ」になったそうです。ハーバリウムという、ガラス瓶にドライフラワーなどを詰めた美しいインテリア小物づくりを楽しんでいると、笑顔で話してくれました。

集まっている人も、そんなステキな趣味をもっている人たちですから、好奇心が旺盛で自分のライフスタイルを楽しんでいる挑戦女子です。

生徒さんたちからも刺激を受けて、「新しくこんなことやってみたいな」「もっと自分にもできるかもしれない」とワクワクが膨らむ一方だそうです。

日常の環境を振り返ってみて、夫や恋人のグチで盛り上がっていたり、職場や上司へのマイナス発言、将来の不安や体の悩みばっかりなんてことになっていたら要注意です。

目標をもって頑張っている人の環境に飛び込んでみませんか?

5 「60点をとればいい」という発想をやめる

最近、自分に100点満点をつけましたか?

大人になればなるほど、自分の合格点を下方修正して、「ここまでやれたから、まあいいか」と納得する場面が増えたりします。そうすれば、ムダに傷ついたり、時間やお金をかけたりしなくてもすむと、頭のどこかで計算している自分もいたりします。

「もっと効率良く」と、ラクな方法を考えてしまいがちです。

私はこれには大反対です。

「まあいいか」で終わらせたことが引き金となって、ずるずると大事な夢や目標まで奪われていくからです。

「一生懸命やる」「100点を目指して本気で頑張ってみる」ということが、人生を楽しくする秘訣だと思います。

小さなことでも、本気でやりつくした経験というのは、自信になります。

私はスキューバダイビングが趣味なのですが、最初に「目標は1000本潜る！」と決めました。

難しそうな目標ですが、決めたからには、あちこち潜りに行きました。結果、3年間で600本も潜っていました。これは、インストラクターもびっくりしていました。仕事として潜るインストラクターよりも多く潜っていたからです。

もし、目標が100本だったなら、600本も潜らなかったはずです。高い目標を掲げたからこそ、必死になれたのです。

そして、その時間は本当に楽しいものでした。

「もっと頑張れる」、その力をもっと信じるべきです。

仕事でも遊びの中でも、目標をもつと面白くなります。
人生はちょっと刺激があったほうが、生きがいをもって過ごせるものです。

たとえば、**1日1つ、目標を決めて取り組んでみませんか。**

接客業で働いているなら、「いつもは1、2人だけど、10人におすすめ品を買ってもらおう」と決めてみましょう。慣れている仕事でも目標をもつと、接客方法や言葉も変わるはずです。時給が上がるわけでも、誰かに褒められるわけでもない、そういうことほど一生懸命にやってみるのです。

紙に書き出したり、数字化したりするのがおすすめです。

目標を決めたからには、「今日はいつもより1人増えたから合格点」なんて、60点合格を基準にしてはいけません。

自分で100点満点をあげられるほど、真剣に取り組むほうが、何事も楽しさが倍増します。

「まあいいか」で終わらせてしまっていると、そのまま「まあいいか」の人生です。

服を選ぶにしても、何かを食べるにしても「まあいいか」の繰り返しになってしまいます。

その1日のまま過ごせば、1カ月後も1年後も変わりません。そこそこ頑張るだけではダメなんです。

「私の人生で最高に燃えたときってあったかな?」「最高に集中したことは何だったかな?」これに、たくさんの答えが返ってきたら幸せな人生です。

一方で、「最高に挫折したこと」があれば、それも大きな財産です。

100点を目指すことで、心からの喜びも、苦しいことも、泣きたくなる悔しい気持ちも、いろいろなことを経験します。

自分の人生は、自分のドラマ。

頑張った分だけ、人生は面白くなります。

6 「いきあたりバッチリの法則」で諦めない自分になる

あるとき、知り合いの社長の言葉にハッとさせられました。

「人というのは、やったことの後悔じゃなくて、やらなかったことの後悔のほうが強いんだよ。やらなかったこと。それは、人間が死ぬときに一番後悔することなんだよ」

これまで、さまざまなことに挑戦してきましたが、50歳を過ぎてから、いくつか諦めようと思うことがありました。

やはり肉体的にも精神的にも、30代とは違います。「そのうち、そのうち」と思ってきたことが、少しずつおっくうになってきたのです。

でも、その社長の言葉のおかげで考えを改めました。**「今が一番若い」と考えて、挑戦するようになった**のです。

54歳にして、ドゥカティを買ったのもそう。今やらなければ、後がないと思ったからです。行きたいと思ったら、すぐに海外にだって飛んでいきます。

いきあたりばったりですから、失敗もたくさんします。

でも、たとえ恥ずかしい失敗をしても、後悔したことはありません。むしろ、**失敗したほうが、思い出深いものになります。**

それに、**失敗は必ず次に生きます。**

だから、いきあたりばったりでも、まったく恐れなくなりました。

今では、「いきあたりバッチリ」と言っているくらいです。

成り行きで挑戦したことのほうが、得るものが大きいからです。

石橋を叩いて渡る人もいますが、どれだけ準備をしても問題は起こりえますし、何カ月も何年も、情報を集めたり、いろいろな人に聞いたりする間に熱も冷めてしまうかもしれません。

そして、やめる理由を見つけるか、「そのうち……」に変わってしまうのです。

やりたいことがあるなら、今すぐやることが重要です。

私の行動力を見て、「私は岡本さんのように強くありません」と言う人もいます。確かに、もともと持って生まれた性格はあるのかもしれません。

ただし、行動力は後から身につけることもできます。「慣れ」もあるからです。

私自身、若い頃は周りを気にしすぎて、繕っていたところもあります。すぐに行動するようなタイプではありませんでした。

意識して「やりたいことをやる」と決めてから、強くなったのです。

一度やってみると、自信がつきますから、次の挑戦はもっとリラックスして飛び込むことができます。繰り返すうちに行動力もついてきました。

「時間とお金がないから……」という理由もよく聞きます。

では、**時間とお金があったら、何がやりたいですか？**

現実の枠を外して、たっぷりの収入と自由になる時間があったとしたら、どんな夢を見るのか考えてみてください。

本当にやってみたいことが頭に浮かんだら、それを具現化するために、何ができるかイメージするのです。

お金がないなら、いくら貯金が必要なのか、そのためにどうするのか。そうやって、一つひとつクリアにしていくと、難しいことではない、と気づけます。

そのなかにはきっと、すぐにでも行動できる何かがあるはず。

私の周りにはたくさんのお金持ちがいますが、やりたいことをやっている人は一握りです。お金があっても、時間があっても、「そのうち」で終わらせる人はとても多いと感じます。

また別の社長はこんなこともお話ししてくださいました。

「挑戦する人生は一流。満足は二流。妥協は三流」

本当にその通り！　挑戦女子は、一流の人生なのです。

7 つらいときこそ人に会う

とても貧乏な時代がありました。

自分だけがお金がなくて、毎日が不安でした。子どもとも遊びに行けないし、服やおもちゃも買えないのです。当時もヘアメイクの仕事をしていましたが、美容の最先端の仕事をしているのに、最新のコスメが一つも買えませんでした。


すると、どうなると思いますか。

「邪」が出てくるのです。

人と比べてねたむようになります。感謝の心を忘れて、ついグチばかりになります。

経済的に不安定になると心が貧しくなると実感しました。

だから私は、それに流されないよう、**客観的に自分を見る**ように意識していました。

そうすると、もう一人の自分が話しかけてくるんです。

「今のあなた、最悪だよ！」

そして「ああ、気をつけよう」と思い、ねたむ心や悪口をつつしもうと思うのですが、すぐにイライラして、近くの人にグチをこぼしてしまう……。

頭では分かってはいたのです。悪口ばかりを言う人で、生活が良くなった人は一人もいないということが。でも、心の中はどうすることもできませんでした。

そんな状況を変えたのは、1枚のハガキでした。高校時代の同窓会のお知らせが届いたのです。

お金がなくて新しい服を買うこともできず、同級生がキラキラ輝いているのをみたら、ねたんでしまうと思いました。みじめな思いをするくらいなら、行くのをやめようか、とも考えました。

しかし、「今のままでは、ダメだ」と思い直しました。

ちょうど、自分を変えたいと考えていた時期だったこともあり、1日悩んで、みんなに会ってパワーをもらおうという考えに至ったのです。

その日は大勢の同級生が集まりました。

でも、想像していたように、誰もがキラキラ輝いていたわけではありませんでした。それぞれに人生があり、悩みを抱え、私と同じようにみんな頑張っていたんです。なかには、会社を立ち上げて経営者として孤軍奮闘していたり、離婚してシングルマザーになっている人もいました。離婚寸前なんていう話もありました。

よく考えたら当たり前のことなのです。自分だけがつらいわけではなくて、いろいろな人生がある……。

「家にいるとマイナスのことばかり考えちゃうから、同窓会に来たの」と、屈託なく笑う友人を見て、本当に来てよかったと思いました。それは、私自身が口にできない心の声だったからです。

心が貧しくなっていると、視野がものすごく狭くなってしまいます。

周りが幸せそうに見えて、自分だけが不安に取りつかれているように感じてしまうのです。

だからこそ、家にこもってしまうのは怖いことです。いつも通りの日々を過ごしていたら、「自分だけがつらい」という考えから離れられません。

同窓会でみんなと話をしたことで、逆に、以前のように他の家庭と比べて落ち込むことはなくなりました。

お金がないなら仕事を頑張ろう。純粋なパワーに変換して、人よりも多くの仕事を請け負うようになりました。

そして、どんどん生活が好転していったのです。

つらいときこそ、人に会うのは大事だと思うのです。

もし、気分転換に朝焼けの海でも見に行こうか、なんてことをしていたら、一時的なストレス発散にはなったでしょうが、心の奥底までは変わらなかったでしょう。

人は、心ひとつで行動が変わります。

行動が変わると、習慣が変わり、さらに性格が変わって人生が変わる。

心の変化に影響を与えるのは、人に会うこと。経験からそれを知りました。

8 「鏡」で客観的な自分を知る

みじめな思いをするかもしれないと思いながら同窓会に足を運んだのは、「このままではダメだ」とささやく、客観的な自分がいたからです。

人をねたんだり、友人にグチをこぼしてばかりいる自分に向かって、もう一人の自分が「そんな考えをしているから、最悪な顔になっているよ」といつも教えてくれました。

私がそんなふうに冷静でいられたのは、鏡のおかげ。家のあちこちに鏡を置いていたからです。

外を歩いていて、ふと鏡やショーウィンドーに映った自分を見ると、ちょっと髪の毛を整えたり、背筋を伸ばしてみたりしませんか。

人は鏡を見るときに、実は一番いい顔をするんです。

ヘアメイクの勉強をしているときに、モデル指導の先生が教えてくれました。

「モデルが美しいのは人に見られていると意識しているから。美しくなりたいなら、いつ何時、どんな角度から見られてもいいように、家にはたくさん鏡を置きなさい」

それを聞いてから、私は家の中のあらゆるところに鏡を置いています。

玄関、廊下、キッチン、トイレ、寝室……。歩いているときに廊下の鏡で横顔をチェックしたり、キッチンのシンクの上にも鏡を置いて、お皿を洗っているときも、パッと表情を確認します。

あまりにもあちこちにあるので、意識していなくても自分の顔が目に入ってしまいます。ふてくされている表情や元気がないときの顔に、我ながらびっくりします。

「あっ。私、今、嫌な顔をしている」

そういうときは大概、誰かとケンカした後だったり、嫉妬を感じたりしているときです。

そのおかげで、自分を客観的に見る訓練ができていました。

自分が今どういう顔をしているのか、それはどんな心の状態であるかを、〝もう一人の自分〟として鏡が教えてくれていたからです。

今現在も、私は泣くとき、鏡の前に立つようにしています。

思いっきり悲しんでいるときの顔をあえて見るんです。大好きだった人との別れ、仕事で失敗したとき、自分の最悪の顔をワザと見ます。

そうすると、悲しい状況は変わりませんが、心の持ちようは変わってきます。冷静に悲しみと対峙することができ、悲しみに取りつかれて自分を失うようなことはありません。

怒りを抱えているときも、鏡の前で怒ります。

怒っているときの表情は見苦しいものです。鏡から目を背けたくなります。だから自然に、冷静な表情や言い方に変わることができます。

「鏡の前では一番いい顔をしたがる」という法則を、うまく利用するのです。

不思議なもので、鏡の前で泣いたり、怒ったりしていると、どんなにつらいこと、嫌なことがあったとしても、人間、笑えるようになるのです。

最初は作り笑いです。

それでも、だんだん本物の笑いが出てきます。

絶望の中にも自分の根底に、ちゃんと生きる希望や元気が残っている。そう感じさせてくれます。

鏡は自分の内面まで映し出します。

鏡を見るのがメイクをするときだけ、というのは自分の内面を知るチャンスを失っています。

できるだけたくさん、周りに鏡を置いてみてください。最初は嫌かもしれませんが、目を背けてはいけません。

きっと思ってもみなかった自分の表情や感情に出会うはずです。

そして、どんどんキレイになれます。鏡を見るたびに、自分が美しく見える表情を意識するからです。

口角を上げて、にっこりと笑いましょう。

あごを引いて、目をぱっちり開いてみましょう。

いい顔をしていれば、心も明るくなります。

9 依存をやめたら人生が変わる

「何をしてもうまくいかない」という時期は確かにあります。

頑張っているつもりなのに、認められない、結果が出ないこともあるでしょう。

これが努力不足であれば、一時的な停滞期です。やることをやったら、努力した分の見返りとして、また運命の輪が回りはじめます。

問題は、人生そのものがうまくいかないという場合です。

これまでいろいろな人と出会ってきて、うまくいかない人の共通点が分かるようになってきました。

うまくいってない人というのは、何かに依存していることがほとんどです。依存していると、自分の思うように物事を動かせません。だからイライラするのです。

「彼が構ってくれない」

「夫が家庭を顧みない」

「給料もボーナスも低くてやってられない」

こういうグチも、裏を返せば彼氏や夫、会社に依存しているからです。

自分は何も行動を起こしていないのに、相手をどうにかしたい、どうにかしてもらいたい欲求だけが渦巻いています。

根底に依存があると、心のどこかに「見捨てられたらどうしよう」と不安を抱えもってしまうのだと思います。だから束縛につながったり、クビにならないように、いやいやながら仕事をこなすようになるのです。

これではうまくいくはずがありません。

「依存」の反対語は「自立」です。**自分の足でしっかりと立つ**ことです。

思い出すのは、2011年の東日本大震災です。
「当たり前の生活」が一瞬にしてなくなりました。今の生活が今後ずっと続くなんて保証はないのです。
それなのに、うまくいかないとグチをこぼしながら、何もせずに周りに依存して生活を続けようとしている。なんて罰当たりなことでしょう。

自立するには、すべて「自分ごと」で考えるのが大切です。
別れや離婚、病気、天災……。いつ自分に起きるか分かりません。
自分ごとで考えると、ぼやぼやしていられません。

依存から抜け出して精神的に自立すると、やりたいことがどんどん出てきます。

「彼氏が惚れ直すように、ダイエットを始めよう」

「夫に頼らず、再就職をしよう」

「気になっていたお稽古を始めてみよう」

「転職のために資格を取ろう」

そうして、**新しい生活に目が向きはじめると、これまで何をしてもうまくいかなかったことが、驚くほどスムーズに回っていきます。**

当たり前だと思っていたことが、新鮮さを取り戻して、感謝の気持ちも生まれるでしょう。


いくつになっても挑戦をやめないで、自らの手で幸せをつかみとれる自立した女性。

そんな挑戦女子であり続けたいと思っています。

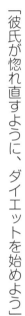

Column

どん底の極貧から挑戦女子になった、私の場合……

メイクアップアーティストとして日本や海外を飛び回り、免許を取る前にドゥカティを買ったり、自衛隊と一緒にサバイバルゲームをしたり、スキューバダイビングで世界中の海で潜ったり。

こんな話をすると「単に、お金があるからでしょう。自由な時間もいっぱいあるのね」と思う人がいるかもしれません。

とんでもない！

私は1987年、メイクアップの専門学校を卒業後、2年間、毎日睡眠3時間で修業に励み、独り立ちしました。

キャリアを積んだところで、年下の男性と結婚。なかなか子どもができず、貯金をすべて投資して体外受精を試し、5回目でやっと授かりました。

念願だった子どもを授かり、幸せいっぱいのはずでしたが、地元を離れて嫁いだので、知り合いが誰もおらず、子育ての相談ができなくてノイローゼになったほどです。

さらに、夫の給料が低くてお金に困り、内職をして育児費に充てるような日々。

そんななか、離婚が決まります。

生後6カ月の乳飲み子を抱えながら、家から仕事先まで片道4時間かけて移動し、仕事を再開しました。

ベビーシッター費は1カ月で4万円という出費。稼いでも、稼いでも、経済的に余裕はありませんでした。


でも、だからこそ、**私は「やりたい！」と思ったことは全部やるようになった**のです。

なぜなら、**人生を変えたかったから**です。

新しいことに挑戦することで、誰でも、なりたい自分になることができるのです。

100パーセントやりたいことにチャレンジする。

もし、私がこのルールを実践していなければいまだに不安や不満を抱え、収入も少ないままだったでしょう。

私がそうだったように、あなたもすべてを手に入れることができるのです。

その真実を伝えたくて、本を書きたいと決心しました。

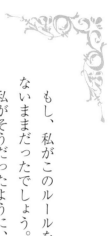

第2章

あなたの可能性を100パーセント広げる行動のルール

1 ピッとひらめいたらパッと行動「ピッパの法則」

人生を思いのままに楽しんでいる魅力のある人は、決断の早さが特徴です。

頭の中でモヤモヤと考えません。「やりたい」か「やりたくないか」のレベルで即座に決断しています。

悩む前に行動しているから、いつも楽しそうなのです。


決断を早くするには、自分の直感を信じるだけ。

そのためには、ひらめきの〝ピッ〟を逃さないように、**頭の中をいつも「整理整頓」しておく**必要があります。


人は頭の中で1日に2万語を話しているそうです。

「洗濯が終わったら買い物に行って、そうそう、クリーニングにも寄らなきゃ」

「今朝、なぜあんなことを言ってしまったんだろう……」
「会議の資料は誰に手伝ってもらえばいいかな」
「夕飯は何にしよう」

常に何かを考えているので、自分にとって大事な新しい情報が入ってきたり、ワクワクするような話を聞いたりしても、毎日の雑多な考えの中に埋もれてしまいます。

たとえば、いつか行きたいと思っていた格安の温泉ツアーを見つけたのに、「誰を誘おうかな。その前に、今月は金銭的な余裕はあるかしら。仕事の進捗は大丈夫かな。そういえば旅行バッグが古くなっていたっけ……」なんて考えているうちに、1日、1週間と時間ばかりたっていくというパターンになりがちです。

せっかく行きたかった場所に行けるチャンスを見つけたのに、それを逃していては、いつまでも「そのうち」になってしまいます。

ついつい判断を後回しにしてしまうのは、今何をしなければいけないのか、優先順位が混乱しているからです。

整理がつかなくなっていると感じたら、考えていることを紙に書き出してみましょ

第2章

う。

「今日しなければいけないこと」

「気になっていること」

「今の想いや気持ち」

思いつくままに書き出してみると、やらなければならないこと、考えなければならないことが明確になります。

私は定期的に手帳に書き出して、自分がどんなことを考えていて、何を必要としているのか、本当にやってみたいと思っていることは何かを知るようにしています。仕事や子育てなどで、どうしても頭の中がスッキリしないときは、書き出した中に、知らず知らずにためこんでいた、思いがけない「やりたいこと」が出ていることもあります。

考えていることがクリアになって、やるべきことが見えてくると、「よしやるぞ！」とパワーも湧いてきます。

さらに、頭の中が整理されているので、新しい情報が飛び込んでくると、それが自分にとって必要か必要ではないか即座に分かるようになります。

直感も鋭くなり、〝ピッ〟とひらめくことが多くなるのです。

ただし、せっかく直感が働いても、その気持ちに従わなければ、意味がありません。

だからこそ**〝ピッ〟とひらめいたら、〝パッ〟と行動**する。

これが私の考案した「ピッパの法則」です。

この法則を使うと、些細なことで悩まなくなります。考えるより、すぐに行動に移せばいいのですから。

格安の温泉ツアーを〝ピッ〟と見つけたのなら、〝パッ〟とネットで予約を取り、お金も振り込んでおく。

それから、考えるのです。誰を誘うか、旅行バッグは新調するのか……。楽しみが待っていますから、旅行費のための多少の節約も苦ではないはず。仕事や家事にだってハリが出て時間も捻出できるでしょう。

直感を大事にして決断すれば、必要な行動が明確になり、他の決断も簡単に感じます。

〝ピッ〟とひらめいたら〝パッ〟と行動。人生を思いのままに楽しむコツです。

2 「ピッパの法則」を磨くには何でも「イエス」と言ってみる

「ピッパの法則」はトレーニングで強化できます。

一つは、**レストランなどでメニューを決めるとき。〝ピッ〟と感じたものを10秒以内に注文する**のです。いつも悩んでしまうタイプの人にとって、これはとてもいい練習になります。

もしかしたら、頼んだメニューが「こんなはずじゃなかった」と感じるかもしれません。でも、15分悩んで考えたものと10秒以内で考えたものの差は、実はあまりないように思います。

ゆっくり選んだほうが満足度が高くなるというのは勘違いです。実際に、料理を食べてみて、満足する確率は「50パーセント以上」にはなりません。つまり、五分五分です。結局、満足するかしないかは、「自分の考え次第」といえるのです。

そうです。〝パッ〟と注文して決めたメニューを、「自分が選んだ料理に間違いはない！」とハッピーな気分でいただけるところまでが、「ピッパの法則」のトレーニングです。

これに慣れてくると、さまざまな場面で頭と体が瞬時に動くようになります。

もう一つは、**とりあえず「イエス」と肯定してみる**ことです。

まずは、「やってみる」ことに慣れましょう。

〝ピッ〟とひらめいて〝パッ〟と行動したものの、最初のうちは「失敗だった」「はずれだった」と感じることがあるかもしれません。

だからといって、「やっぱり、自分には向いてないんだ」と、「ピッパの法則」をやめないことです。**〝ピッ〟のひらめきは、繰り返すうちに磨かれるもので、そのうち楽しいことだけを引き寄せる**ようになります。

迷うことがあれば、「イエス」を選びましょう。とびっきりのチャンスが隠れているのは、「ノー」ではなく、「イエス」のほうです。

私は「ピッパの法則」が身についているので、周りが物怖じしているときでも、誰よりも早く「イエス」と言ってしまいます。考えるよりも早く、言葉が出てしまうくらいです。

たとえば、趣味のサバイバルゲームで自衛隊の方とご一緒したとき、その流れで、ラペリングに挑戦したことがあります。アクション映画などで高層ビルの上からロープをつたって降りていく、あの懸垂下降です。

「誰かやってみますか?」と自衛隊の方が呼びかけたとき、13人の中で手を挙げたのは、私と若い男性2人だけでした。「怖いかも」「できるかな」と考えていたら、尻込みしてしまったでしょう。実際に、何人か迷っていた人もいましたが、「どうしよう……。やってみたいけど怖い」と言いながら諦めてしまいました。

アクションスター並みに壁面を降りるのはドキドキしましたが、一生ものの経験でした。

もちろん、ラペリングのようなものは、誰もが挑戦しなくてもいいかもしれません。でも、興味があって迷うようなことがあるなら、「イエス」と、先に叫んでしまえば、覚悟は決まってしまいます。

やってみた後の爽快感は何ものにも代えられません。さらに、大きな自信とかけがえのない経験につながります。

これまで自分自身で決断してこなかった人は、とにかく一度、「やってみる」ことをおすすめします。

やってみて、合わないなと思ったら、やめればいいだけです。

「やった後悔よりもやらなかった後悔のほうが強い」のですから。

私自身は、やってみて後悔したことはほとんどありません。

挑戦してダメだったならば仕方ない、やってみたことが素晴らしいことだと思うようにしています。

3 挑戦女子にとって「素直は最大の財産」

大人になるほど、本音と建前を使い分けるようになったりします。いつでも自分の気持ちを正直に言えることは、簡単なことではありません。

でも、空気を読んで周りに合わせてばかりいると、どんどん自分にブレーキをかけることになります。そうすると、いつのまにか「かわいげのない」自分になってしまうのです。

たとえば私は、「お金が大好きなんです！」と人前で言えるくらい、思いや気持ちは隠しません。これも、明るく言ったら嫌らしくないんです。

「お金なんてどうでもいいんですけどね」と言う人に限って、「だったら寄付をしたら？」と提案すると、ギョッとした顔をしたりします。

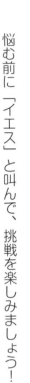

結婚したい人もそうです。パートナーに「いつプロポーズしてくれるの!?」と腹を立てていないで、自分から「結婚したい」と素直に伝えてみればいいのに、と思います。

または、出会いを待っているなら、「私は一人で平気」という建前を捨てましょう。その考えに心まで侵されてしまい、「自分にパートナーは必要ない」と思い込んでしまいます。

「結婚したい」と素直に声に出して伝えるだけで変な強がりがなくなって、キラキラと表情まで輝くようになります。しかも、あなたのために動いてくれる人も出てくるでしょう。

私自身、「岡本さん、誰かいない?」と真剣に相談されて、これまでに何度も、ご縁を結んだことがあります。

素直になれば必ず良縁が巡ってきます。ムダなプライドに縛られているのは損です。

自分の気持ちに制限がなくなると、人生が軽やかに輝きだします。

大好きなアメリカのドラマに『SEX and the CITY』がありました。ニューヨークを舞台に、女性4人の赤裸々な生活を描いて、世界的な大ヒットになりました。

映画版の第2作には、アラブ首長国連邦の首都アブダビへ旅行するエピソードがあります。中東のエキゾチックな衣装でラクダに乗って砂漠へ行き、夕日を見ながら食事をする豪華絢爛《けんらん》なシーンに、私はすっかり心を奪われました。

「うわぁ！　こんな体験してみたい！」と〝ピッ〟と感じた私は〝パッ〟とすぐに調べました。高価な旅費ではありましたが、好奇心が赴くままに、「行きたい！　やってみたい」と言い続けていたところ、偶然に紹介された人がエミレーツ航空の関係者だったのです。

「僕の兄がエミレーツ航空で働いていて、アブダビに住んでいるから遊びにおいでよ」と招待してくださいました。

仕事でも同じようなことがありました。

その頃、メイクやスタイリストの仕事を中心に動いていたのですが、パーソナルカラーをもっと広めたいと考えていました。自分に似合う色をまとうことで、簡単に、より魅力的に見せることができるからです。

今でこそ、パーソナルカラー教室が増え、自分の魅力を引き出す色について勉強する女性も大勢います。でも、私が勉強していた20年前は、まだまだ知られていない分野でした。

「メイクだけでなく、パーソナルカラーの教室をやりたい」と、周りに言い続けていたところ、「空いている会議室があるから使ってみないか」「興味のある人を集めるので、先生をしてください」と、いくつものオファーにつながりました。おかげで、パーソナルカラー教室を開くといつも満席で、それは今も続いています。

素直に自分の気持ちを言葉にすると、どこかで必ず通じるという経験がたくさんあります。だから、どんなことも言葉にすることを怖がりませんし、恥ずかしさもなくなりました。

カッコつけて、本音とちぐはぐなことを言っても、結局すぐにウソだとバレます。

自分の欲しいものを伝えなければ、手に入らないのは当たり前のこと。

どんなに夢物語のような話でも、素直に伝えるのは本当に大事なことだと思うのです。

そうして、挑戦女子は素直さを武器に〝ちゃっかり〟とさまざまなものを手にしていくのです。

自分の気持ちをありのままに表現するのを怖がらないでください。自分らしさを開放すると、驚くほど自然に必要なものが手に入ります。

4 人と比べるのをやめれば「ピッパの法則」が加速する

もともと人と比べてばかりいた私。いいバッグや靴、広い家、高い給料……。自分にないものを周りが持っていると、卑屈になったり落ち込んだり。とくに貧乏だった頃は、少しの差でも気になっていました。

「うちなんて軽自動車なのに、隣の家はキャンプに行けるほど大きな車を買って……」「独身の友達はまた海外旅行か。自由でいいなぁ」そんなことを一日中考えていることもあったくらいです。

おかげで、**人を羨むと苦しい**ことを知りました。

しかも、**他人と張り合って、たとえ優越感をもったとしても、ちっとも楽しくない**のです。

「やったね！　あの子に勝った」と思うのは一瞬だけ。結局また比べる毎日に逆戻りです。すべてを比べてしまうので、持っているモノからリビングの広さ、置いてある小物……。本当にキリがありません。

羨んでも張り合っても何も変わらないと気づいたのは、ふと「手放す」という言葉を聞いたときでした。ちょうど世の中で、部屋の片付け法やモノへの執着を捨てて、不要なモノを減らすことが流行中でした。

「手放す」というのは、つまり、モノだけではなくて、悪い習慣や不都合な考え方などもすべて、自分にとって必要のないものを放り出すこと。

第2章

私の場合は、他人を見て落ち込むムダな考えを手放そうと思ったのです。

するとあんなにねたましかった気持ちが、落ち着くようになってきました。同時に、「私は私」と考えられるようになり、これまでとらわれていた「人と比べて自分は……」という考えから解放されたのです。

いつのまにか「比べるのは他人ではなくて自分自身」と考えられるようになりました。


人と比べてしまうことは、誰にもあります。

仕事や恋愛など人生がうまくいっているときはいいのですが、沈んでいる時期に周りと比べて落ち込んでしまうのは、当たり前かもしれません。

恥じることではありませんが、ずっとそのままでいたら、つらいのは自分自身です。

そもそも、人と比べるという行為は、自分を相手のものさしで測り、〝勝った、負けた〟を競り合っているようなものです。相手をものさしにしているから、意味のない劣等感や優越感をもつことになります。

比べるのは「自分自身」。ものさしは、自分自身であるべきなのです。

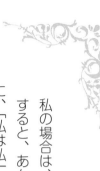

戦う相手は紛れもない自分ですから、1時間前、昨日、1年前の自分より少しでも成長していると感じられたら大喜びしましょう。

何も変わっていないとしたら「頑張ろう」と奮い立ちましょう。

人と比べる行為を手放してみたとたん、世界が変わります。毎日が楽しくない、つらいと感じるのは、人と戦っているからなのです。

最近では、ソーシャルメディアを利用する人も増えて、楽しそうな投稿に嫉妬したり、劣等感を感じたりしてつらいという話もよく聞きます。

さまざまな人とつながってコミュニケーションをとったり、新しい情報を手に入れたり、日記代わりに利用するにはとてもいいツールですが、投稿を見て落ち込んでしまう、モヤモヤしてしまう、というときは、思い切って見ないようにしたほうがいいかもしれません。

どうしても測るものさしが、自分から他人になりがちだからです。

焦ってしまうくらいなら、シャットアウトして自分と向き合う時間を増やしたほうが、何倍も自分の成長につながります。

人と戦わない人生は、すべてが自分次第です。

自分とだけ比べていれば、他人と比べてお金や贅沢なモノがなくても、地位がなくても、きちんと幸せを感じることができます。

毎日ワクワクが増えて、いい意味で「開き直り」が得意になってきます。他人を気にせず、やりたいことに没頭し、挑戦できます。

だからこそ、ひらめいた〝ピッ〟に忠実に〝パッ〟と動ける、その土台が作られていくのだと感じています。

5 思いがあれば伝わる

今でこそ、人前に立って講演をしますが、昔は目立つことが苦手でした。話が下手で、自分の気持ちをうまく表せなかったのです。

メイクアップアーティストの仕事をするようになってからは、話が下手だからといって、黙っているわけにはいきません。

「あなたには、この色がお似合いです」「こうすればもっとキレイになるから試してみてください」と、提案したいことがたくさんあるからです。

最初は「こんなことを言っても大丈夫かな」と心配でしたが、美容や健康に関する知識を伝えたい、もっと美しく健康になってもらいたい、という気持ちで、つたないながらも、一生懸命にコミュニケーションをとるようになっていました。

そうすると、相手からも「岡本さん、私に合う色をもっと教えて！」「メイクで悩んでいるんだけど、どうすればいい？」と、どんどん頼りにされるようになり、いつのまにか、セミナーや講座を開いたり、大勢の前で話すようになったのです。


経験を積んで10年も過ぎると、大きな会場でセミナーをしてもあがらずに話ができるようになりました。

自信が出てくると、話をすることも楽しくなります。

大勢の人の前で話をしても、ワクワクして、「100パーセント伝わっている！」という実感をもつことができました。

「ありがとう」「とってもためになったわ」「岡本さんのセミナーを受けると元気になります」と言っていただくだけで本当に幸せでした。

ところが、ペラペラと上手に話ができるようになると、セミナーに来る人が少しずつ減ってきたのです。

「どうしてだろう」と悩みました。「今は運気が良くないのかもしれない」と運勢のせいにしたこともありました。

でも、よくよく考えると、その頃は、別のことを考えていてもしゃべれるくらい、話すことに慣れていました。

昔はしゃべり終わった後も興奮が冷めやらないくらい夢中だったのに、いつのまにか、そういう気分を忘れて〝なあなあ〟になって話していたことに気づいたのです。

心ここにあらずのときは、それが相手にも伝わってしまいます。

始めた頃は、一生懸命「伝えよう」としていました。それが回数を重ねて何度も同じ話をするうちに、ただの「説明」になっていたのです。

だから、相手の心が動かなかったのです。来てくれる人が減ったのは当然でした。

仕事でもプライベートでも、**人とのコミュニケーションで大事なのは、自分の思いを伝える**ことです。「説明」ではなくて「伝える」ことに集中することです。

「伝える」ということは、「感じさせる」ということです。

「へぇ」「ほぉ」と感心したり、驚きがあったり。何かしら相手の心を動かすことです。そこに小細工やハウツーは必要ありません。

ただ「伝えたいこと」に集中すればいいのです。**分かりやすく、相手にどう伝わるのか想像しながら言葉に思いを乗せる**こと。それだけで、しっかりと相手に届きます。

こうした失敗で、どれだけ上手に説明ができても、伝わらなければ意味がないと知りました。

今でも、人前で話をするときは何十回、何百回と繰り返そうとも、「初心忘るべからず」と自分に言い聞かせるようにしています。

おかげで、今でも国内を飛び回り、美や健康の伝道師を続けることができていると自負しています。

第2章

もし、話すことが苦手で、人とのコミュニケーションに難があると感じているのなら、一方的な「説明」になっているのかもしれません。

「どうせ伝わらないだろう」「とりあえず話しておこう」といった感情が少しでも混じっていれば、それが相手に届きます。

口を開いて相手と向き合うときには、**下手でもゆっくりでも一生懸命「伝えよう」とすることが**大事なのです。

もしかしたら、その姿勢だけで、相手は多くのことを感じ取ってくれるかもしれません。

6 やり続けるコツ

繰り返し続けてきたことでも、「初心忘るべからず」をモットーに！

ところが、何度も心に誓わなければ、すぐに忘れてしまうのが「初心」です。

「よしやるぞ！」「今日から変わるぞ」と思っても、それを1週間、1カ月、1年と持続するのはとても難しいものです。

まず、感情というのはコロコロと変わります。

やる気も感情の一つですから、気分が高まったり落ちたりと数分単位で振り回されてしまいます。

たとえば、面白い話を聞いてウキウキした気分だったのに、一歩外に出て雨が降っているだけで憂鬱な気分に変わったり。向こうから歩いてくるのが大好きな彼だったらまたまたテンションが上がり、その彼が美しい女性を連れていたら一気に落ち込んでしまいます。

すべては思い通りにはできませんし、環境も変わります。

パートナーができたり、引っ越しをしたり、チームが変わったり、家族が問題を抱えることになったり。

自分はやり続けたくても、できない状況になることもたくさんあります。

物事をやり続ける。それがいかに大変か。私も痛感しています。

それでも**やり続けていると、必ず道は開けます。**

これまでの経験から、結果が表れる目安は「3年」でした。

「石の上にも3年」といいますが、どんなことであれ3年たつと変化が訪れます。

結果が出ないように思えても、必ず変わるのです。

時間をかければ、自分より能力が高かった人でさえも追い越すことができます。コツコツと長く続ける力というのは、才能を超えるパワーをもちます。

でも、3年はとても長いですね。

どうすればやり抜くことができるのか。感情や環境に負けず、続けるにはどうすればいいのか。私なりに考えてみました。

一つは、**「目的」をもつ**こと。

「意志が弱いから続かない」のではなくて、〝目的がないから意志をもてない〟のです。

目的をしっかりもつことで、意識が生まれます。

「5キロ痩せるためにヨガに通う」「今の5倍、お金を稼ぐために資格を取る」「子どもを不自由なく育てるために仕事を続ける」など、強い目的があるほど、日々の雑多な感情や環境に流されそうになっても、踏ん張れるのです。

途中でくじけそうになっても、「やっぱり、もう1回やってみよう。続けてみよう」と目的が背中を押してくれます。

次に、**やる気を出す「きっかけ」や「刺激」を集める**ことです。

たくさんの人に目的や夢を語ったり、目標を書いた紙などをよく見えるところに貼っておいたりするのも効果的です。

そして、**小さなことでも達成できたら「大喜び」**しましょう。

友人や知人を巻き込んで祝ってもらうことも大きな刺激につながります。鏡の前で大げさに自分を褒めるだけでもおすすめです。

「自分は頑張っているんだ」ということを認識すると、「もっと続けたい」とやる気が出てきます。

それを積み重ねていけば、挫折することなくゴールに近づくことができるはずです。

7 挑戦し続けて人に「ワクワク」を与えよう

挑戦女子の周りには、挑戦女子が集まってきます。

私の周りには、年齢も職種も、独身も既婚も関係なく、毎日を100パーセント楽しんでいる人たちがいっぱいいます。

みんなフットワークが軽いですから、「こんな面白そうなことがあるよ！　一緒にやろうよ」と誘うと、「いいね。そうそう、こんなこともあるよ！」とワクワクするような話がどんどん湧いてきて、収拾がつかなくなるくらいです。

私は50代で大型バイクの免許を取ったり、今も乗馬やスキューバダイビングなどにチャレンジし続けています。そんな姿を見て、影響を受けたという女性が数多くいます。

つい先日も、「岡本さんがいつも挑戦している姿を見て、なんとなく諦めてしまっていた夢を思い出しました。年齢を言い訳にしないで、私ももう一度、夢に挑戦してみようと思いました」と、また一人、挑戦女子が増えたばかりです。

私は誰かを「感動させよう」「励まそう」と思いながら、何かに挑戦しているわけではありません。

ただ、好きなことを夢中になってやっているだけです。

それでも、**自分の好きなことに本気で挑戦すれば「人に感動を与えられる」**ということを知りました。

自分の体験を伝えることで、ワクワクが伝染していくのをいつも目のあたりにしているからです。

人生は一度きりです。**どんな人生を送るのか、どんな人と一緒に生きていくのか、**

人生を美しく作り上げるのは自分次第です。

彩り豊かな人生はアートのようなものです。キラキラと輝くアート作品を見て、喜んだり感動したりしてくれる人がいるのです。

そして、その感動はまた次の感動につながります。

挑戦女子の周りに挑戦女子が集まるのは、美しい人生のアート作品に共感し、感動し合える楽しみ方を知っているからです。

もちろん、自分が楽しくてやっているだけですから、たとえ共感を得られなくても、さみしい思いをすることもありません。

あくまでも自分自身が主人公。

ワクワクできることを、それぞれが追求すればいいのです。

多くの人は失敗しないように安全な道の上を歩こうとします。

だからこそ、正解も結果も分からない「自分だけの道」を勇気をもって走り続けている人を見ると、人は感動し、ワクワクするのでしょう。

こんな話があります。

ある幼稚園で、跳び箱を練習していたそうです。3段や4段と、どんどん上手になっていくなかで、ある一人の男の子が5段に挑戦しました。自分の背丈ほどもある跳び箱です。

真剣な顔つきで、タタタッと駆けていき、パンッと勢いよく跳びましたが、跳び越えられずに前につんのめって転倒しました。

それを見た他の子どもたちは、「やっぱり難しそうだな」と思ったのでしょうか。簡単に跳べる3段、4段を楽しく練習し続けたそうです。

でも、跳び越えられずに泣きそうになっていた男の子は、なんと再挑戦したのです。次は跳び箱にお尻が少し当たったけれど、なんとか跳び越えて満面の笑顔を見せました。

そして、「上手に跳べるようになりたい」と繰り返し練習を続けました。

それに感化された子たちは、3段、4段の跳び箱を離れて、一緒に5段の跳び箱に挑んだそうです。

失敗しても、他の子に背中をさすられながら励まされ、また列に並ぶ。みんな本当に楽しそうに練習していたそうです。

そして、そのクラスだけ、半数以上の子どもが5段の跳び箱を跳べるようになったといいます!


頑張っている姿は連鎖します。

挑戦女子も同じです。**挑戦する姿は、自分だけでなく周りも変えていきます。**

安全な道だけが選択肢ではないと気づいたとき、勇気をもって一歩を踏み出す仲間が、たくさん増えていくのです。

8 周りの声にまどわされない

せっかく一歩を踏み出そうとしているのに、知らず知らずのうちに足を引っ張られることがあります。

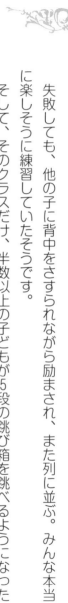

その昔、私が乳飲み子を抱えながらメイクアップアーティストの仕事を再開したとき、一番仲の良かったママ友は大反対しました。

「小さい子どもがいるのに仕事をするなんて、ありえないよ」と、大げさに首を横に振ったのです。

その頃、夫の稼ぎは少なく、生活が本当に苦しいときでした。子どもを育てるためにも、どうにか自分で経済力を身につけなければ共倒れになると危機感を抱いていました。

仲の良かったママ友は、私の経済状況やつらい状況も知っていましたから、当然、応援してくれると思っていました。

それだけに、「子どもを置いて仕事に行くなんて考えられない！」と言われたときは、大ショックでした。

今のようにワーキングマザーが一般的ではなく、専業主婦が当たり前の時代です。

私は結婚が遅かったこともあって、20代後半まで女性が働いていたことも田舎では目立っていました。小さな子を置いて働くなんてもってのほか、という空気があったのも事実です。

でも、私には働く理由がありました。私が働かないと、子どもを育てることができなかったからです。

「あなたのために言ってるのよ。だって子どもがかわいそうじゃない。ママなんだから、地に足をつけて考えないとね」ママ友がそう繰り返すので、心が折れそうになりました。

そうはいっても、この先、彼女の言う通りに子育てを優先していれば、もっと苦しくなるのが分かっていました。いざというときに、彼女がお金を貸してくれるか、助けてくれるか、といったら、そうではないでしょう。

「うちもつらいけど、両親に支援してもらっているのよ」と言うママ友もいました。もちろん家族が手助けしてくれる場合もあるでしょう。ただし、それはずっとではありません。親もどんどん年を取ります。

誰かに依存すると、ずるずると甘えてしまいます。少しでも早いうちに、自分が働くのが一番いいと決断しました。

今でも、あのときの判断は間違っていなかったと、自信をもって言えます。私はやりたいと思った〝ピッ〟のひらめきを大切にしただけです。

身近な存在ほど、新しい環境に飛び込むときに批判的になることがあります。その壁を乗り越え、他人の価値観に流されず、自分の頭で考えることも、ときには必要なのです。

価値観というのは、社会や環境で大きく変わります。

それぞれが信じているもの、見ているものも異なります。

世代が違うのですから、親の価値観と子の価値観が違うのは当たり前ですし、仲の良い友達でも、すべてが同じ意見ではありません。男女でも異なります。

家計のことは、男性に頼ればいいと思っている女性はまだまだたくさんいますが、とくにこれからの時代、頼るのは自分自身だと考えていたほうがいいでしょう。

寿命が延び、100年時代といわれるように、働き方や人生に対する考え方が大きく変わっています。結婚するもしないも自由です。男性の稼ぎだけで生活するスタイルも崩れました。女性のほうがバリバリ稼ぎ〝主夫〟という言葉もあるくらいです。「男性に期待したらダメ」という意味ではなくて、**「自分の生活のために、行動するのは自分」**だということです。

小さな子を抱えてメイクアップアーティストに復帰してすぐ、会いに行った女性がいます。あるショップの女性経営者で、もともとデザイナーとして活躍していた方です。いつも前向きに物事を考える人でした。

仕事を再開したことを伝えると、彼女は笑って「子どもがいるからって、家にいなきゃいけないことなんてないんだよ。どんどん頑張りな！」と、ポンッと背中を叩いてくれました。それだけでどれだけ救われたか分かりません。

私も彼女のように、頑張っている挑戦女子の味方として背中を押せるような存在になりたいと、ずっと、ずっと考えています。

9 自分の人生に真剣になる

将来を案じて不安ばかり抱える必要はありませんが、**少し先の未来を考えてみる**のはいいことです。

自分の行動を変え、行動を起こす絶好のチャンスになります。

「挑戦女子」とは、広い意味でいうと「自分の人生に真剣になる」ことだと思います。

たとえば3年後の自分を想像してみましょう。「このままではダメだ」と思う部分があるなら、今から少しずつ変えていきませんか。

何もせずに3年後が今よりも良くなっていることはありえません。

逆に言えば、今不安を感じている人こそ、ラッキーなのです。

不安があるからこそ、考え方や行動を変えたいというパワーは凄まじく、「もう後がない」というピンチの状態は最大のエネルギーになります。

そのパワーを上手に利用すれば、理想の自分に近づくことがたやすくなります。


自分の人生を本気で考えるようになると、行動が変わります。

まずは、「自己投資」として、お金や時間を使うようになります。

「変わりたい」という気持ちが強くなり、習い事を始めたり、スキルアップや自分を成長させる勉強に目が向きはじめます。

そうするうちに、時間のやりくりを考えるようになります。自分に必要なことと、ムダなことをそれぞれ考えられるようになるのです。


大金をつぎ込んだり、必ずしも壮大な計画を立てる必要はありません。

仕事や子育てで忙しくておざなりにしていた料理に気を配る。

いつもよりも1時間早く起きる習慣をつける。

そんな活動記録を残すためにブログを立ち上げる。

そんなふうに、「これまでやらなかったこと」を始めるだけで十分です。

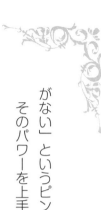

ある主婦は、1冊の本を読むことから始めました。そのうち、ブログを立ち上げて読書ログを残すようになり、それが出版社の目に留まって、ライターとして働くようになりました。

小さな変化は大きな変化を生み出します。

大きな変化は、日々の小さな積み重ねです。それが次第に、**人生を本気で生きることにつながってきます。**

人生を本気で生きるチャンスというのは誰にも平等にあります。自分で選択するかしないかの違いだけです。

そんなときにも「ピッパの法則」を使ってみてください。悩むよりも前に〝ピッ〟を信じて行動してみるのです。

もちろん、ひらめきでスタートするのは怖いことです。

でも、純粋な気持ちでまず飛び込んでみるというのも、自分の人生を真剣に生きるためには必要なことだと思うのです。

一度でも自分の人生に真剣になった経験がある人は、この先の長い人生も、きっと知恵を絞って楽しく生きていくことができます。
それはクセになってしまうのです！

次は何をしよう？
明日はどんなことに挑戦しよう？
この先にどんな結果が待っているかな？
頭に浮かぶのは、ポジティブなことだけ！

子どもの頃のように朝起きるのが楽しみになって、ワクワクしか感じない毎日を過ごすことが、大人になってからもできるのです。

10 すぐに行動しないときは、本当にやりたいことではない

「それでも、全然動けない」という人がいるのなら、それは、やりたいことではないのかもしれません。

本当にやりたいことなら、体が勝手に動き、結果を出そうとするものです。

「やりたい！　やらないと！」と思っているものの、後回しにしていることもあります。気持ちはあるのに、なぜだか続かない……。それは結局、自分自身が本当に欲しいと思っていないから、興味がもてないのです。

よくよく考えたら、「やらないといけない」と思っていることは、「周りがやっているから」「流行しているから」と、世間に流されているだけかもしれません。

私にも経験があります。

「やりたい」と思っているのに、ついつい後回しにしてしまうのです。「忙しいから」「こっちが終わってから」と、都合の良い言い訳ばかりを考えていたことがありました。

私はやりたいことは手帳に書き出しているのですが、1年たっても行動していなかったり、手をつけていなかったりしたことは、「本心でやりたいことではなかったんだ」と理解します。

では、本当に自分が求めているものを知るにはどうすればいいのでしょうか。

本音は、表面的に感じている喜びや怒りではなく、もっと奥にあるものです。抑えられないくらいに「心が動く」もの。

自然にドキドキしたり、思わずワクワクしたり、暇さえあれば情報を探したり。そういうものだけが、本当にやりたいことなのです。

とはいえ、残念ながら、すべてのことが「あ、心が動いた」というように、分かりやすいものではありません。

つい、自分の気持ちに〝鈍感〟になっているからです。

本音に気づくために、まずは、「五感」を呼び戻しましょう。

目、耳、鼻、口、皮膚で感じることに、意識を少しだけ向けてみるのです。

食事をするときにはテレビを消して、「おいしい」「すっぱい」「懐かしい味」など、味をじっくり感じ取ってみたり、香りを意識したり。

散歩をするときは、スマホを手放して、空の色や風の具合などを意識して感じてみてください。

体の反応に敏感になれば、心の動きにも敏感になります。

そうすることで、自分が本当に求めているものが分かりやすくなります。

体の反応を解き放つ、私の一番のおすすめは、音楽をたくさん聴くことです。

私は最近、ダンスを始めたのですが、音楽を聴くと、体が勝手に動いて気分が高まります。

人間というのは、そもそも心地よい音楽を聴くと、自然と体が動くのだそうです。

第2章

幼児期は、音楽が流れると好き勝手に体を動かしたりもしますが、大人になると「恥ずかしい」「感情を外に出してはいけない」と、自然と体を動かさないようコントロールするようになります。それに慣れて、いつしか音楽を聴いても体を動かさなくなります。

音楽を聴くうちに、無意識に体が動くようになれば、五感が解きほぐれているサインです。自然と体が揺れたり、楽しくなってきたら効果あり！

音楽にはリラックス効果もありますから、自分の心と上手に向き合える時間にもなります。

体も心も開放されているようなとき。

「本当に自分がやりたいことは何？」

そう自分に問いかけてみると、思わぬ本音に気づくかもしれません。

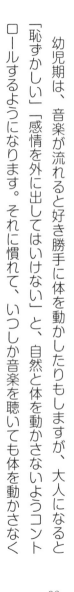

Column

本当はバイクに乗るのが怖かった！

大型バイク、ドゥカティを衝動買いしたことを知り合いに伝えると、「その年齢で大型バイク？」「事故を起こしたらどうするの」と散々な言われよう。

誰になんと言われようと、生粋の挑戦女子である私はへっちゃらでした。

喜々として免許を取りに教習所に行ったのですが……。本音を明かすと、実は相当、大変なことが待ち受けていました。

50代で大型バイクの免許です。

若い男性が1週間程度で取得するのを、私は3カ月もかかりました。

買ってはみたものの、改めて見たバイクのあまりの大きさに、「こんな怪物のような乗り物に、乗れるようになるのかしら……」と、さすがの私も不安に押しつぶされそうになりました。

最初はもちろん転んでばかりです。

やっと慣れてきたと思ったら、今度は障害物をよけながら走行するテクニックや、狭路走行と呼ばれる幅10センチほどの一本橋を10秒以上とあえてゆっくり渡る練習などもあり、体力もバランス感覚も、私の限界を超えていました。

いつもなら何事も楽しめるのですが、このときばかりは心臓が常にバクバク。教習所に行くのが心底、怖いと思ったほどです。免許を取るのをやめてしまおうかと、何度も考えました。


でも、体中が痛くても、青あざだらけになっても諦めなかったのは、自分が真っ白なバイクにまたがり、大好きな景色の中を颯爽と走るイメージがあったからです。

そのおかげで、恐怖よりも、ワクワクが勝りました。

そして、免許を手にしたときに感じた大きな達成感！

「どんなことだって、まだまだできるぞ」と自信になりました。

「恥ずかしい」「失敗したら」「時間もお金も足りない」とバリアを張って、**「できるわけがない」「普通はそんなことしない」「年甲斐もなく」……、なんて言葉を投げかけるのは、実は自分自身**だったりします。

その呪いは、自分自身で外せます！

第3章

「挑戦女子」に生まれ変わる8つのレッスン

1 「言い切り型」の会話に変える

知らず知らずのうちに、ネガティブな言葉を使ってしまうことはあります。

たとえば、面白そうなイベントに誘われても、

「どうせ、行ってもよく分からないかも……」

「だって、金欠だから……」

「でも、夫に聞いてみないと分からないから……」

言い訳のオンパレード。

気をつけないといけないのは、「どうせ」「だって」「でも」この3つです。ネガティブな言葉を発してしまうと、やる気も飛んでしまいます。


言葉の大事さに気づいていますか?

まずは1週間、自分の言葉を意識してみてください。

「どうせ」「だって」「でも」おまけに「しょうがない」というネガティブワードを頻繁に使っていたら要注意です。もしかしたら、ネガティブな口癖が当たり前になっていて、それが無意識のうちに自分自身で行動をストップさせているかもしれません。

ネガティブワードを使わない、と心がけるだけで、決断力がぐんと上がります。

どんどんやりたいことに挑戦している人との会話に、ほとんどネガティブワードは出てきません。

もっと言えば、「～をやりたいと思います」とも言いません。

「思います」というのは、〝やってもやらなくてもいい〟の裏返しのようなもの。

挑戦女子は「やります！」と言い切ってしまうのです。

目的があいまいでも、確信がなくても大丈夫。

反射神経のように、「はい！　やります」「できます！」「行きます！」と、決断してしまいましょう。

そうすると、**気持ちが言葉に引っ張られ、行動までも変わってきます。**

シャープな体を作りたいと思っているのに、「痩せたいなあ」では、いつまでたっても変わりません。なぜなら、「思っている」だけだからです。

私の周りにも、「メタボ診断でひっかかって、痩せたいと思ってるんだよねえ」と言いながら、ケーキを頬張る人がたくさんいます。

「本当に痩せたいなら、『痩せる!』と言い切ってごらん!」とアドバイスすると、本当に「痩せる」と口にしたとたん、食欲が低下してケーキを残した、なんてこともあります。

言葉ひとつで、ずっとダイエットに踏み出せなかった人も、みるみるスリムになっていくのです。

「えー、そんなに簡単に?」そう疑いますか? 実は私自身、身長152センチと小柄なのに体重は73キロと肥満だったところから、健康のために20キロ以上落としました。

私たちの生活は日々、決断です。朝起きて、電車に乗って、職場などの目的地に行く。そんな当たり前のことも、すべて決断に基づいています。言葉として言い切らないと、行動には結びつかないのです。

「行く」「やる」と決めないと何も始まりません。言葉として言い切らないと、行動

自分の言葉も、自分の耳に入ります。

それが潜在能力に訴えかけるのだそうです。そうして情報が入ると、頭の中に埋め込まれるのだといいます。

だから、思ったことを「口に出して言う」というのはとても理にかなっています。

1回でも多く、言い切ってしまうことが大事なのです。

オリンピック競技の代表選手で、実力も練習量もほぼ同じ優勝候補の2人がいました。一方の選手が僅差で優勝し、そのインタビューでこう答えました。

「僕が勝ったのは、『優勝する』といった回数が彼よりも多かったから」

目標に少しでも近づきたいなら「やります！」と言い切ってしまえばいいのです。

言葉を変えるだけなら、今からでもできますよね？

お誘いを受けたら、「行きます！」と即決する。

ちょっと大変な仕事でも、「できます」と受ける。

婚活中なら、「結婚したい」と口に出す。

それだけで、幸運が訪れる確率がぐんと跳ね上がります。

2 お金は「勉強」と「経験」に使う

「お金を追うと、逃げる」


これは、私の長年の経験から、確信をもっていえることです。

「お金が欲しいなあ」という人は、いつまでたっても、変わらない生活をしていることが多いのです。

「もっといい仕事があればいいのに」「うまい話はないかなあ」なんてことばかり考えている人は、お金を中心に物事を考えがち。

「自分にとって利益になるかどうか」で判断していると、寄ってくる人も似たような「損得勘定」で動く人ばかりになります。そんな環境にいても、ちっともチャンスは生まれません。

起業して何億も稼ぐ女性起業家、予約が数年先まで入っているアドバイザーなど、お金に恵まれている人に共通しているのは、**「人に貢献した結果」お金が入ってきているこ**とです。

好きなことを通してどうすれば人に貢献できるか、それを一番に考えているのです。彼女たちも収入が上がればとても喜びます。それは、お金が入ったことの喜びではなく、「それだけ周りの人に貢献できたから」という証だからです。

収入の金額は、人に喜びを与えたバロメーターなのです。

私は長年、メイクアップアーティストとして活動していますが、働く上でのポリシーは「何が何でも、キレイになってもらう」ことです。

一度もメイクをしたことがない女性には、時間をかけて化粧品の選び方からアイライナーの持ち方までイチから教えたりします。どれだけステキな女性でも、もっと美しくなれるコツをたくさんアドバイスします。たとえお金にならないことでも、誰かが必要としてくれるなら……という思いで、いつもプラスアルファの貢献を心がけてきました。

手掛けた女性がどんどんキレイになっていくと、口コミで次の紹介につながり、また声をかけていただいて、次の仕事が入ってくる。極貧だった私ですが、そうするうちに、お金に困らなくなりました。

もし、お金だけを追っていたら「これ以上教えると損になる」「お金にもならないのに、こんなに時間をかけられない」と、セーブしたかもしれません。そしたら、口コミでご紹介いただくことはなかったと思います。

お金というのは本当に不思議です。「追えば、逃げる」のですが、**お金のことを気にしないと「追いかけてくる」**のです。

いかに自分が楽しんで、多くの人を楽しませるかだけを考えていたら、お金のほうから追いかけてくるようになります。

一生懸命稼いだお金は、使えば使うだけ「戻ってくる」。

驚きますか？　実は、これも事実です。

預金も大事ですが、〝お金を使うこと〟も大事なのです。

「欲しいものを好きなだけ買おう」という浪費のすすめではありません。**買うべきものは、「経験」**です。

ステキな思い出になりそうなことには、お金を惜しみなく使って大丈夫。その経験は、自分の一部になります。なりたいと思っていた自分像に近づけます。新たな挑戦を始める一歩にもなります。

経験を買えば買うほど、人とのつながりも大きく広がります。

人脈が広がると、ビジネスチャンスが転がり込んできます。経験にお金を使えば使うだけ、もっと膨らんで手元に戻ってくるのです。

自分の経験値を上げるために、スクールに通ったり、講座を聴きに行くことだって、大きな〝投資〟です。私自身、メイクアップアーティストとして、目まぐるしく変わる美容業界のトレンドについていくために、情報収集は欠かしません。

生活が苦しい時期も、ムリしてでも新しいメイク道具を購入して試したり、健康や美容の講座を聴きに行ったりと夢中でした。

美容に限らず、興味のあることは、どんどん参加して吸収しました。そうすれば、その知識を周りに還元できるからです。「そういう情報を知りたかった」「岡本さんのおかげで毎日が楽しくなった」そんな感謝の言葉が増えれば増えるほど、収入はぐんぐん上がりました。

今でも、経験には惜しみなくお金を使います。おかげで、収入は増え続けています。

あの頃、お金がないからと貯金ばかりしていたら、新しいお金は入ってこなかったとつくづく思います。

お金を追うと、逃げる。お金を追わないと、追いかけてきてくれる。そういうお金を経験に換えると、大きくなって戻ってくる。私自身、いつも感じているのです。

3 ねこ背の女性は運が逃げていく

美容と健康の仕事をしていますから、私の周りは美に対する意識が高かったり、メイクがとても上手だったり、自分の見せ方をよく知っている人が大勢います。

それなのに、なぜだか〝パッ〟としない人がいるのです。メイクも完璧、美しい体をしているのに〝オーラ〟がないというのでしょうか。

その人たちの特徴は、「姿勢」の悪さです。つまり、「ねこ背」。

顔と肩が出て、お腹がへこんでいるから、なんだか元気がなくて、不幸そうに見えます。

へこんだお腹に悪いものを抱えている、そんなふうに私は感じてしまいます。「元気がなさそう」「陰がありそう」「信用できなさそう」そうした印象さえもってしまうのです。

そんな印象では人は寄ってきませんし、楽しいことにも誘ってもらえません。せっかく人と会っても、次のチャンスが舞い込むことはないでしょう。おかげでうまくいかなくて、もっと自信がなくなり、姿勢が悪くなる……。なんて悪循環に陥りかねません。

人は、落ち込んでいるとき、肩を落として背中を丸めます。そう、**ねこ背は「落ち込んでいるとき」と同じ格好**なのです。だから、いくら笑っていても、美しく着飾っていても、イキイキとした印象を与えないのです。

姿勢が悪いと、目線が下になります。初対面の人と会うときも、目線を合わせるのに見上げるような形になりますから、ますます自信がなさそうな印象を与えてしまいます。

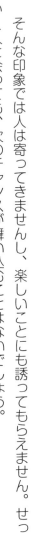

どんなに若くてキレイでも、話をしているときに、肩よりも顔が出ていると美しさも半減します。

歩いているときも要注意です。ラクな歩き方をしていると、前かがみになって、顔だけ前に出てしまっていることがあるからです。


美しく振る舞っているつもりでも、姿勢が美しくない人は結構います。

私たちはもっと姿勢に意識を向けるべきなのです。

姿勢には、見た目を180度変える威力があります。

それを意識しないばかりに、自信なさげに見えたり、オーラをどんよりさせたり、老けて見えて、とても残念です。


私が意識している、キレイな姿勢のポイントです。

①肩を落とし、肩甲骨と肩甲骨を合わせるようにぐっと寄せる
②顔は正面、あごを少し内側に下げる
③足と背中をまっすぐに伸ばす

その状態をキープしたまま、鏡で、正面と横、できれば後ろ姿まで、チェックしてみてください。ふだんの姿とどれだけ違うか……。落ち込むかもしれません。

年齢を重ねるごとに姿勢も少しずつ変化するので、私も定期的にこれをやっています。


とくに、最近はスマホやパソコンを使う人が増えました。スマホを使うと、自然と顔が前に出てきます。背中がゆがみ、気づかないうちに、ねこ背になっていることがあります。

姿勢が悪くなって印象がよどんでいないか、大きな鏡の前でチェックを欠かさないようにしましょう。


ピンと伸びた姿勢は、後ろ姿でさえ、ステキなオーラが漂っています。

姿勢を意識すると、自然と胸が上がります。背筋が伸びると、臓器が正常な位置に収まるわけですから、血の巡りが良くなり、健康的になります。

肌ツヤがアップし、イキイキとした印象を与え、輝くようなオーラを放出しはじめます。

姿勢を良くすることで、「信頼できそう」「もっと話をしてみたい」「明るくて元気そう」「一緒に仕事をしたい」そう思ってもらえます。

前向きで、イキイキとした印象が相手にも伝わるからです。


背筋を伸ばして、印象をアップさせましょう！

4 「遊びながらダイエット」をする

体重70キロを超えていた頃。

太りすぎて、体に大きな負担がかかり、運動ができませんでした。そのため、坐骨神経痛と腰痛を患い、1週間に1度、鍼に通うほどでした。

30代になると、ちょっとしたことで疲れやすくなりました。それで私が何をしたかというと、「食べないダイエット」でした。どんどん体重は落ちましたが、生理が止まり、肌はカサカサ……。栄養不足に陥って、元気もなくなりました。

そうすると、反動で次は過食症に。食べても食べても食欲が止まらない。美しくなるどころか、どんどん不健康になってしまったのです。体はきついし、どれだけメイクをしても、全然美しく見えません。

そういう経験を経て気がついたことは、**「真の美しさは健康から」**ということです。体が健康ではないと、本当の美しさにはたどり着かないと心底感じたのです。


過激なダイエットは危険です。美しくなりたいのなら、体重を気にするよりも、「体を健康にすること」を意識すべきです。

私たちの体は、60兆個（37兆個という説も）の細胞でできています。すべての細胞に栄養をまんべんなく届けるには、血の巡りをよくすることです。それには運動が欠かせません。

カロリーを極端に減らせば痩せますが、それで美しく痩せられないのは、酸素や栄養を絶たれた細胞が死んでしまうからです。

とくに年を重ねて、筋力が落ち、運動不足になると、「毛細血管のゴースト化」に陥るといいます。指先など細い血管が流れているところまで栄養が行きわたらず、肌の衰えやシワにつながるのです。

すみずみまで血流が循環しないばかりに、なんと、指の先に針を刺しても血が出なくなるという説もあります。

私も運動をまったくしていなかったあの頃、栄養が行きわたらず、正常な血流が止まっていたかと思うとゾッとします。


健康のために、きちんと食べて、運動をするようになってから、みるみる痩せて、体も心も軽やかになりました。

そこに至るまでには、試行錯誤の連続でした。

「スポーツクラブに通おう」「テレビで紹介していた健康的な食材をたくさん食べよう!」と意気込んでみるものの、どれも長続きしません。仕事をしたり、子育てや介護にも追われたりすると、どうしても優先順位が低くなってしまいます。

結局、一番長続きして、効果が上がったのが「遊び」だったのです。

私の場合、趣味の乗馬、スキューバダイビング、サバイバルゲーム、そしてダンスです。

どれも、かなり体力を使います。お腹が空いて、人よりもたくさん食べることもあります。でも、まったく太らなくなりました。

そもそも**ダイエットをしているという意識がないので、ムリを感じずに体を動かせる**のが大きなメリットです。


ダンスを始めたのも、「最近、運動不足だから体を動かしたいね」という友人の一言からでした。「じゃあ、みんなでダンスをやろうよ！」と、そのときのノリで結成したのが、ド素人同士が集まったダンスチームです。

たまたま、ある会社のイベントで大きなパーティーが開催されるというので、出し物としてダンスを披露しよう、と目標を決めました。みんなでカラオケのパーティールームに集まり、振り付けを考えて、練習しました。

みんなであれこれ考えるのはとても楽しい時間でした。練習量はかなりのものでしたし、ヒップホップの動きを取り入れたダンスはとてもハードですが、数時間があっという間でした。
最初は筋肉痛になっていた体も、すぐに慣れて、腕や足にほどよい筋肉もつきました。

乗馬もおすすめです。姿勢が良くなり、楽しんでいるうちに相当な運動量になります。馬に乗って走るのはとても爽快で、どんなに忙しくても続けたくなります。

楽しみながらウォーキングもやっています。運動靴を履いて街に繰り出し、歩きながらついでにトレンドを調査します。ブティックのウインドーを観たり、行列ができているお店をチェックしたり。

お住まいの環境によっては自然の中を歩くのもいいですね。

5 キレイな体を構成する食事のとり方を知る

正しく食べて、運動をするようになってから、ほぼ30年間、45キロをキープしています。

一番気にしているのは、「食べる時間」です。

仕事のない日は、**18時までに夕食をとる**ようにしています。

なぜなら、夜はもう寝るだけですから、そんなにエネルギーは必要ありません。早めに食べ終えて、早く寝るように心がけています。消化も完全に終わっていますから、寝つきも良くなります。


早く寝るので、早起きです。いつも5時頃にはベッドを出て、ゆっくりと朝日を眺めます。

そして、**朝食はフルーツ**をいただきます。旬のフルーツを数種類、生のまま食べるのが習慣です。料理も必要ないので、時間がなくてもパッと食べられて、胃が重たくならず、すぐにエネルギーに変わります。いつでも手に入るバナナやキウイは冷蔵庫の常備品です。

みずみずしいフルーツは、その日のパワーを与えてくれるかのように、気持ちまでフレッシュにしてくれます。とくに旬の果物には、そういう力が備わっているような気がします。

旅行や出張に行くときも、家からフルーツを持参します。ホテルに朝食がついていても、食べるのはフルーツだけです。


お昼は、仕事の関係で遅れることもありますが、だいたい12時前後です。

このように時間を意識して、3食しっかりとります。


よく、「何を食べているんですか？」と聞かれるのですが、お昼や夜のメニューにこだわりはありません。あまり意識せずに、**食べたいものを食べます。**

栄養素や酵素などについて勉強はしていますし、さまざまな健康法や食事法は世の中にあふれていますが、考えすぎなくてもいいと思っています。「これはダメ、あれはダメ」となると、かえってストレスをためてしまうからです。

極力、レトルト食品やスナック菓子など、体に悪いものを控える程度です。

時間にだけ気をつけて、〝そのときに体が欲しているもの〟を食べています。

第3章

たとえば、「今日はお肉が食べたい」と思えば、「お肉という栄養素を体が欲しがっているんだな」と、我慢せず、満足するだけ食べます。

ただ、さすがに夜に食べるとエネルギーが余ってしまいますから、お昼に食べるようにはしています。

甘いものも大好きです。友人とお茶をするときなど、甘いお菓子とともに豊かな時間を楽しみます。

お付き合いなどで、外食が続いたり、パーティーやバーベキューなど、ちょっと食べすぎることも、もちろんあります。

そういうときには、**1週間単位で調整**します。

「最近お肉が多かったから、明日はお魚を食べよう」といった具合です。

食べすぎたと思えば、次の日は野菜を多めにしたり、炭水化物を減らして豆腐など植物性のたんぱく質をとるようにしたり。

食事管理は、自分の健康と美のために、ずっと続けられなければ意味がありません。

一時ならムリもできますが、それでは結局、昔の私のようにリバウンドを繰り返し、体を壊すだけ。

食事はバランスだと考えましょう。カロリーだけ抑えてもダメですし、「○○ダイエット」のように何かを食べ続けるような偏った食事もNG。

1週間で調整しながらつじつまを合わせていけばいいんです。

豊かな気持ちでおいしいものを体に入れていたら、その体は輝くほどキレイになります。

痩せているだけが美しい体ではありません。自分の適正体重で健康的であれば、キレイな体です。

体に寄り添いながら、心からおいしいと思えるものをバランスよくいただきましょう。

6 「二度寝」をやめる

寝ている間に、美と健康が作られます。

睡眠中にはさまざまなホルモンが分泌されます。とくに成長ホルモンといわれるものが美しい肌や髪を作り、疲労回復、免疫力アップ、女性ホルモンの生産を促します。眠らないと成長ホルモンは分泌されず、細胞の再生が行われません。

寝不足になると、肌のリズムが乱れ、トラブルが増えてしまうのは、誰もが実感することでしょう。

しっかり睡眠をとらないとホルモンバランスが崩れ、肌荒れしたり、にきびができたりするという説もあります。

美容と健康に睡眠はとても大事なのです。

だからこそ睡眠時間はしっかり確保したいもの。

とはいえ、仕事が多忙な時期だったり、子育て中だったりすると、たっぷり睡眠をとるのは難しいこともあります。

そういうときこそ、自分ならではのリラックス法を工夫してみてください。**時間が足りないのなら、「質」にこだわればいい**のです。

寝具を良質なものにしたり、枕にこだわったり、パジャマなど身に着けるものから変えてもいいかもしれません。

アロマや音楽で心地良さを高めることもできます。

私のこだわりは、**寝る前に「コップ1杯の水を飲む」**これだけ。

睡眠中はたくさん汗をかきます。健康な大人で一晩にコップ約1杯ほどの寝汗をかくそうです。

汗にはミネラル分が含まれていますから、寝ている間に血液濃度が高くなり、体に大きな負担がかかってしまうのです。

寝る前に水分をとっておけば、血液はサラサラのまま。肌の乾燥も防ぐことができます。何より、夜中にのどが渇いて目を覚ますことなく、熟睡できます。

朝、起きたときもコップ1杯の常温の水を体に入れて、汗をかいた分の水分を補っています。

ところで、寝不足になるとイライラしますし、肌の調子も悪くなりますが、だからといって、起きた後にもう一度寝ることはありません。

かえって、とても疲れを感じてしまうからです。

二度寝をすると、起きたときに体が重かったり、頭痛を感じたりすることはありませんか。

寝不足を解消するために寝たはずなのに、よけいに疲れてしまう……。だから、二度寝はしないと決めました。

朝5時起きの私は、時々、日中に眠くなるときがあります。眠いときは、頭が働かず、判断力が低下します。

子育て中も、仕事を掛け持ちしながら家事をこなしていましたから、寝不足でフラフラでした。でも二度寝も昼寝もしませんでした。

どうしても眠くなったら、コーヒーを飲んだり、お水を飲んだり、気分を変えるようにしています。ちょっとしたエクササイズをするなど、その場で体を動かすのもおすすめです。

「眠いなあ」という気持ちも、30分もたてば、雑用や忙しさに紛れて薄まってきます。それに、一度睡魔を乗り越えれば、反対に脳は活発になります。スッキリとして、頭の回転が速くなるように感じます。

そして、夜は頭も体も疲れた分、ぐっすり深い眠りにつけて、翌朝はスッキリ起きやすくなります。

二度寝をやめる。

それだけで、睡眠の質が高まり、キビキビと活動的に動けるようになります。

7 入浴の時間に「自分との対話」を楽しむ

挑戦女子にとって、ゆっくり自分の時間をもつというのは至難の業です。

仕事も遊びも全力投球。やりたいこともいっぱいあって、何から手をつけよう……なんて考えていたら、一日はあっという間です。

とはいえ、ちゃんとその日の疲れやたまった感情は翌日に持ち越さず、その日のうちに解消しておきたいもの。


私がリセットに利用しているのは、**入浴の時間**です。

体を温めてリラックスする目的で、シャワーだけではなく、必ず湯船に浸かります。

そして、「今日も一日、良い仕事をした〜!」とその日を思い返します。

「あの対応はよくできたな」「彼女には違う言い方をしたほうが響いたかもしれないな」「キレイな花を見かけてうれしかった」「あのお店はおいしかったな」ときには

「イライラしたのが行動に出てしまったな」など、その日の出来事を振り返ります。

一日の振り返りは、反省と、それ以上に自分を褒める時間でもあります。うまくいったことは喜び、失敗したことは原因を考えます。

苦手な人に出会ったときも、この時間に、しっかりと自分の気持ちを把握しておけば、「なぜこの人が苦手だと思ったんだろう」「嫌みなことを言われたけど、まあいいか」とネガティブな気持ちを引きずらなくてすみます。

考えるのは、できるだけその日のことだけ。自分にあれこれ質問をして、自分と対話をするのです。

そして、最後に必ず「今日もありがとうございました」とお礼を言います。

それは、元気で生かしてもらっていることへのお礼です。**無事に過ごせたことを感謝する**のです。

私にとって大事な一日の締めくくりです。

最近では、シャワーのみですます、という女性も多いそうです。長時間お風呂に入る人も少数派といいます。

健康面からいっても、お風呂に浸かる時間は短くても確保したいもの。シャワーを浴びるだけではリラックスの効果は得られないからです。気分はスッキリしますが、体は休まりません。

半身浴で、38度前後のぬるめのお湯に30分間浸かるのが、最もリラックス効果があるそうです。

発汗によって老廃物が体外に排出され、美肌効果も侮れません。お風呂の時間をもっと大事にしてほしいと思います。

バスオイルや入浴剤などにこだわると、お風呂の時間はますます待ち遠しくなります。

私は香りと効能で入浴剤を選ぶことが多いです。いくつもストックしておいて、その日の気分で選びます。

意識はしていませんが、その日の状況が入浴剤に表れていることがあります。

たとえば、「〇〇温泉の素」を数日続けて手に取ったら、「体が疲れているのかな？」と感じますし、「アロマの香り」が気になれば、「ちょっと心が弱っているのかな？」と思いがけずストレスがたまっていることに気づいたり。

私は長湯が得意ではないので、湯船には2度に分けて浸かります。体を洗ってから、15分ほど湯船に浸かり、洗髪後に半身浴で20分ほど浸かります。

体がほぐれると、心までしなやかに、素直になれます。

だから、嫌なことがあったり、失敗して落ち込んだりしたときこそ、お風呂に入って、それらを〝水に流す〟のです。

そうすると、「なるべく早くリカバーしよう」「今度はここに気をつけるようにしよう」「早めに誤解を解こう」「明日、こちらから謝ろう」と、頭の中がクリアになって、次の行動が起こしやすくなります。

入浴は、私にとって、なくてはならない大切な時間。

どれだけ忙しくても、10分だけでも自分と対話をする時間をもつと、次の日の過ご

第3章

し方が大きく変わります。

8 「運気」を管理する

私には、人からちょっと驚かれる習慣があります。

出張や旅行先で泊まるホテルの部屋に入るときと出るときに、必ず「よろしくお願いします」「ありがとうございました」と口に出して挨拶をします。

忙しく過ごしていると、つい〝当たり前〟のことを忘れがちになります。

仕事がある幸せ、家族がいる喜び、友人がいる楽しさ……。日常に埋もれて、当然のように過ごしてしまいます。

当たり前のことほど感謝を忘れないように、という思いから習慣になったのが、**「誰も見ていないところで挨拶をする」**ということでした。

レストランに行けば、おいしいお料理が食べられます。ホテルでは清潔な空間を準備してくれています。

それは、注文をとって、料理をして、サービスをしてくれる人がいるおかげです。

その空間を作り上げてくれる多くの方を思って、挨拶をせずにはいられないのです。

そして、部屋を出るときには、シーツを整えて、ごみを片付けてから出ます。

仕事を円滑に回すためにも、「行動を正す」意識が大事だと思っています。これが次の仕事に行くときの心構えにもなります。


初めて行く場所なら、時間が許す限り、神社にもご挨拶にうかがいます。


神社はその土地の神さまがいるところです。

「初めてお邪魔させていただきました、よろしくお願いします」と頭を下げます。

「この土地にご縁がありますように」という気持ちで手を合わせます。

神社に行くようになったのは、昔、知り合いから、こんな話を聞いたことがきっかけです。

「岡本さんは、全国を回ってたくさんの人と会うよね。それなら、いいものも悪いものもたくさんもらってくるはず。月初めに神社に行って、人々の想いや念、気持ちなどを落としたほうがいいよ。できれば出張先で、その土地の神社に挨拶をすると、快く仕事が回るように手助けしてくれるよ」

当時の私は、そんな考えもあるのかとびっくり仰天しました。

それまで、神社は初詣や七五三などで行くものだと思っていましたから、もっと日常的に神社に出かけてもいいんだと改めて知ったのです。

ものは試し、と神社に行くようになってから、確かに気分がスッキリするようになりました。

見返りや何かを期待するのではなく、**神社は感謝の気持ちを表現できる場所**として通わせてもらっています。

私の周りには、事業を成功させ、ステキな人生を過ごしている人がたくさんいます。共通するのは、よく神社に行くこと。

手と手を合わせ、深く感謝をする。その定期的な行いが、運気を押し上げているように思います。

当たり前のことに感謝すると、毎日をより深く、充実した気持ちで過ごせるようになります。

これだけでも、幸せというご利益をいただいているといえるのではないでしょうか。

最近は、御朱印帳を持って寺社を巡る「ご朱印ガール」が流行しているとか。

私も大賛成です。エネルギーを授けてくれる「パワースポット」という言葉も定着して、〝目に見えないけど大事なこと〟が見直されつつあると感じています。

Column

憧れの女性は70代の現役ダイバー

私の趣味の一つにスキューバダイビングがあります。

3年前に、フィリピン・セブ島で素晴らしい出会いがありました。73歳女性の現役ダイバーとの出会いです。15キロのボンベを軽々と背負い、水中カメラで美しい海の中を撮影していました。

彼女も私も一人で日本から来ていて、すぐに意気投合。話をすると、スキューバダイビングを始めたのが70歳のときというから驚きました。

憧れからダイビングを始めた彼女は、潜った記録を残したいと、パソコン教室に通うようにもなりました。一度もパソコンを触ったことがなかったそうですが、今ではブログを立ち上げ、撮影した水中写真と日記をつづっています。動画編集もマスターし、カラフルな魚が泳いでいる動画に、音楽をつけて投稿しています。

さらに、ずっとスキューバダイビングを続けたいからと、週1回、スイミングスクールに通っているといいます。

何歳になっても挑戦をやめず、その行動力で感動を与えてくれる、生粋の挑戦女子です。

そういう話を聞くと、自分ももっと頑張ろうとパワーが湧いてきます。

まだまだ負けてはいられないし、年のせいにはできないと思うのです。

彼女に、「また来年も来るよね？」と約束すると、「うん、生きていたらね」と大まじめに言われました。

限られた時間を感じるからこそ、毎日を楽しく生きているのだ、と話してくれました。

ちなみに、次の年もセブ島でお会いできました！

私自身、とにかく考える前に行動してしまうので「年相応の行動を」と周りからた

第3章

しなめられることがあります。

そのたびにセブ島の彼女を思い浮かべます。

彼女のように年齢の枠を外れて、人生を豊かに遊んでいる女性に、憧れずにはいられないのです。

第4章

リミッターを外して愛も仕事もお金も手に入れる

1 女性の心を縛る3つの鎖とは？

想像してみてください。

あなたの目の前で、ハイヒールを履いた女性が、派手に転倒しました。

あなたは、どう感じますか？

「かわいそう。私も気をつけなきゃ」

「わあ、恥ずかしい！　だからハイヒールは履きたくないのよね」


「かわいそう」「恥ずかしい」と思った人は、「ハイヒールを履いて転ぶとみじめ」という心の縛りをもっています。

それで靴を買おうとするたびに、「高いヒールは恥ずかしい思いをするかもしれないからやめておこう」と、選択肢から遠ざけてしまうのです。

そうやって、失敗のリスクから逃げて、無難な道ばかり選ぼうとします。

ハイヒールは、女性の脚をセクシーに美しく見せてくれます。ヒップの位置が高くなり、スタイルが抜群によく見えます。

ある海外の研究によると、ハイヒールを履いているほうが、ピンチのときに男性に助けてもらえる確率がアップするそうです。それだけ魅惑的なアイテムということです。

それにもかかわらず、恥ずかしい思いは嫌という制限があるばかりに、魅力の劣る靴ばかり選ぼうとする。

確かに、その靴なら、転んで恥ずかしい思いをすることはないでしょう。

でも、失敗を恐れるあまり、いろんな可能性の芽を摘み取っているとしたら?

そんなふうに、多くの女性が、知らず知らずのうちに心に制限をかけてしまうものが3つあります。

恋愛と、仕事と、お金です。

第4章

「彼が望む通りの女性にならなきゃ」

「周りが結婚しているから、私も急がないと」

「何よりも彼（夫）が大事！」

その裏には、相手の思うようにしないとフラれる（＝失敗する）かもしれない、未婚の自分は人生に失敗していると思われるかもしれない、という恐れを抱えているのです。

仕事に関しても同じです。

「今さら新しいプロジェクトに立候補するなんて……」

「責任ある立場だから、無難にこなさなければ」

「もっと稼ぎたいけど、この年で転職なんてムリよね」

失敗はしたくない、恥ずかしい思いをしたくない、という心の縛りがあるために、行動を起こせません。


誰もが縛られやすいのがお金です。

「貧乏は恥ずかしい」
「もっといい生活がしたい」
「お金さえあれば……」

そんな本音がある一方で、お金の話をするのはとても「いやらしいこと」という感覚もあります。

だから無意識に気持ちがねじれて、お金の使い道も偏ってしまいます。

本当に使いたいことに使うのではなく、周りと同じように見せたいがために使うようになるのです。

それは、「恥ずかしさから自分を守るため」に起こしている行動です。

縛られるものが多ければ多いほど、行動は制限されてしまいます。失敗しないためには、挑戦しないことが一番なのですから。

気づかないうちに、自信も勇気も経験もチャンスも、みるみる失われます。

それが長く続くと、3つの鎖となって、あなたをがんじがらめにしてしまいます。

変わりたいのに変われない、足かせとなってしまうのです。

鎖を解くのは、**「失敗しても大丈夫」**という、あなたの気持ちだけ。

自分の思いに正直になり、少しずつ鎖を緩めていきましょう。

2 挑戦女子はセカンドマネーを作るのがうまい

私は過去に貧乏な時代を過ごしたことがあります。だからこそ、幸せになれるお金の使い方が分かるのです。


仕事を頑張ったご褒美に購入するブランドバッグや洋服、特別な日に買う宝石類……どれもステキですが、そういう幸せは飽きてしまって長続きしませんでした。次の新作を手に入れよう、もっと新しいものを買いたいと躍起になるだけでした。

反対に、自分の人生を振り返ってみて、最も幸せだと感じるお金の使い方。

それは「挑戦」に投資したことです。

初めて体験したスキューバダイビング。
ドキドキしながら馬の背に乗った乗馬体験。
憧れのドゥカティを自分で乗りこなした体験。
予約の取れないミシュラン三つ星レストランでの食事。
フランスのエッフェル塔を見に行った感動。

お金をかけてでも経験したものは、人生体験にしっかりと刻み込まれます。挑戦するごとに人生の色彩が豊かになっていくのを実感するのです。

物に換えるお金ではなく、挑戦に使うお金は、まさにプライスレスの価値があります。

初めての場所に行ったり、ちょっと背伸びしておいしいものを食べたり。自分への投資となるお金なら、私はどんどん使っていいと考えています。

もし、私が挑戦することなく、その分のお金を貯めていたら、今よりも預金残高は

第4章

高かったでしょうか。決してそうは思いません。

私が貧乏な日々から抜け出せたのは、お金を「挑戦」に使ってきたからだと確信しています。

ワクワクする体験に投資してきたからこそ、それが自分を高めることにつながり、お金が戻ってきたのです。

挑戦している人は、いつでも新鮮で楽しい話題が豊富です。

人は楽しいところに集まります。

「自分が挑戦した体験を人に話して喜んでもらう」それだけでも、大きな価値があるのです。

そして、人から喜んでもらえることは、お金としても戻ってきます。

若い会社員の友人がいるのですが、彼女は少ない手取りの給料で、旅行や山登りをしたり、趣味の音楽の幅を広げたりして楽しんでいました。

残るお金は限られますから、それ以外のことは少しでも節約しようと、セルフネイルをしていたそうです。そのうち、賢く道具をそろえたり、流行の柄を取り入れたり、そちらもどんどんこだわるようになってきて、ついにはネイリストの資格を取りました。

彼女は挑戦女子ですから、周りにはたくさんの人がいます。

「そのネイルかわいい。私にもやってくれる?」

「こんなにキレイなネイル。友達にも教えたい」

そんなふうに口コミで広がり、土日はネイリストとして稼いでいます。

「岡本さんの言う通り、たくさん挑戦していたら、それ以上にお金が入ってきました!」とイキイキと挑戦を続けています。

「好きこそ物の上手なれ」という言葉があります。

いろいろなことに挑戦していると、必ず「好きなこと」「面白いこと」が見えてきます。

思いがけず、それがお金になっていくのが、挑戦女子のすごいところです。

ネイリストだけではなく、自宅で始めたお料理教室が大人気になったり、挑戦の様子をブログに書いてライターになったり、自身の経験を生かしてセラピストになったり……。

体験したことがそのままセカンドマネーとして、お金に換わった友人がたくさんいます。

ただし、最初から「これをやったらお金になるかな?」といった邪心があると、あまり実らないようです。

あくまでも、**純粋に「幸せだと感じる体験」「初めての経験」にお金を使う**こと。

そうすれば、大好きなことでお金が入ってくる生活に一変するかもしれません。

3 迷ったら二兎の法則

「A」と「B」で迷ってしまうとき。どうしますか?

私は、両方選びます。

たとえば、ステキなワンピースを見つけたとき。

「パッと華やぐホワイトにするか。優しいパステルカラーにするか」と悩んだら……どちらも購入します！

レストランでメニューを選んでいると、「A料理も食べたい。でもB料理も食べたい」と目移りしてしまったら……両方オーダーします！

友人と一緒のときが多いので、食べられない分は、みんなでシェアします。

こんなこともありました。

私が困っているときにいつも親身にアドバイスをくださるAさんの会合に招待されました。ところが同日に、やはりとてもお世話になっているBさんのパーティーが入っていたのです。

すでに確定済みの予定が入っているのにもかかわらず、Aさんから「岡本さんとお会いできるのを、楽しみにしているのよ」と無邪気に言われるとお断りできません。

「迷ったら二兎を追う」がマイルールです。

Aさんの会合に出席した後、タクシーを飛ばして、遅れてBさんのパーティーにも参加しました。大事な友人に囲まれ、2倍、楽しい一日になりました。

人生はたくさんの選択があります。

もしかしたら、「何か一つを犠牲にしなければ、もう一つを貫けない」と思い込んでいませんか？

本当にそうでしょうか。

欲しいものを一つに絞る理由は何でしょう。時間の問題？　お金が2倍必要だから？　能力の限界？

両方を手に入れるのはムリだなんて、最初から諦めないことです。

悩んだら、どちらも手に入れてしまいましょう！

恋愛と仕事で迷っているなら、仕事に精を出すあなたを応援してくれるパートナーを得ればいいのです。

2つの資格取得で迷っているならば、いっぺんに取得しちゃいましょう。

目先の費用を節約するよりも、長い目で見たら、そのほうが恩恵が大きく跳ね返ってくるのですから。

迷っている間にも時間はどんどん過ぎていきます。

悩んだ挙句、どちらも手に入れなければ、それこそ、まさに「二兎を追う者は一兎をも得ず」になってしまいます。

だから、2匹のウサギが逃げる前に、どちらも捕まえて、両方かわいがればいいのです。

今、諦めようとしていること、手放そうとしているものは、本当にそうする必要がありますか？

どちらも手に入れられるものではないですか？

欲しいものが2つあるなんて、それだけで贅沢なこと！

どちらも選べば、一度に2つの経験を味わえます。

豊かさも2倍になります。

挑戦女子たるもの、迷わず二兎を追いかけましょう。

4 過去を忘れるには未来に目標を立てる

過去の栄光ばかり語りたがる人がいます。

「20代の頃、大手企業で働いていたんだよね～」

「元彼とはラブラブだったんだ。もし彼と結婚していたら……」

「昔は今より5キロも痩せていたんだけどね」

過去の話をする人は、「今の自分に自信がない」証拠です。

今の自分に納得していないから、過ぎ去った日々を甘美に見つめてしまうのです。

昔話をする人の表情は、ぼんやりとしています。

楽しい過去を振り返りたくなる気持ちは、私にも分かります。

でも、過去を振り返るよりも、楽しいことがあるんです。

それは、未来を話すこと。


「10年後、自分の事業を立ち上げる」

「次に会う人は運命の彼！　たくさん出かけて、おいしいものを食べて、ステキな時間を過ごすんだ」

「1年後はもっとスリムになって、憧れのブランドの服を着るからね」


未来の話は、大きな夢があります。ワクワクしながら語ることができます。

楽しいことばかり考えている人はキラキラと輝いていて、目力があり、自然と笑顔になります。


私も、つい過去の話をしてしまったときには、すぐに話を切り上げて、未来の話を加えます。

そうすることで、気分が一気に明るくなります。

過去に浸らないためには、未来の話を織り交ぜる。ちょっとしたコツです。


どうしても過去を振り返ってしまうのなら、現在を飛び越して、未来を見つめてみましょう。

そのためには、夢や目標をもつことです。

目標を設定して、その達成に向けて計画を立てることです。

できれば、手帳などに目標を書いたり、目に見えるところに夢を書いて貼っておくと、達成は早まります。


少し先の未来さえ見えないときも、あるかもしれません。

やる気が出ずにふさぎ込んでしまったり、「今のままでいい」と未来に期待しないことで、やりすごそうとしていたり。

あるいは、未来についてまで、絶望してしまうことだってあります。

私もそういう時期を過ごしたので、よく分かります。そして、過去の栄光ばかりでなく、過去の傷を引きずってしまうことも……。

どうしても過去を引きずってしまったとき、私はまず、何を後悔しているのか、自分の心の内をのぞいてみました。

すると「できなかったこと」「心残りになっていること」「失敗したと思っていること」など、わだかまりになっているものが見えてきます。

過去を丁寧に掘り下げると、泣きたくなるときもあります。

でも、過去に後悔を残しているのに、「なかったことにしよう」などと考えてはいけないのです。

後悔や心残りは、いったん自分の中で正当化さえできれば、価値のあるエネルギーになります。そうやって、未来にシフトしていきましょう。

失恋して落ち込んでいたのに、そのエネルギーを使ってもっといい彼を見つけたり。不当な扱いを受けていた職場を辞め、その怒りのパワーを転職先で発揮し、みるみる出世したり。そういう人も実際にいます。

未来にエネルギーを向けると、パワーが湧いてきます。

昨日のことより明日のことを話すと、ワクワクしてきます。

未来の自分に目標をもてば、過去を振り返る暇はないくらい、今が充実してきます。

5 答えが出ないなら悩むだけ損

悩んで考え込んでしまうとき、私は自分に言い聞かせる言葉があります。

「悩んで答えが出るなら、思いっきり悩んでよし！　悩んでも答えが出ないなら悩むだけ損！」

解決しない悩みなら、そもそも悩む必要はないのです。

どれだけ悩んでも明確な答えは出ず、どんどん気分が沈んでしまうだけです。

私も昔はすぐに悩んでしまうタイプでした。不眠症になって眠れない日もありました。

ですが、もう、悩むことはほとんどなくなりました。悩みまくった結果、悩む時間が損だということが分かったからです。

よくある恋愛の悩みにしても、損な悩みが混じっています。

「結婚できるのかな」

「運命の人に会えなかったらどうしよう」

「子どもが欲しいのに、できなかったらどうしよう」

どんなに悩んだとしても、答えの出ない悩みです。

お金の問題も、人間関係についてもそうです。

「お金が足りない。私には運もツキもないのかな」

「あんなことを言われてモヤモヤする。どういう意味だろう」

「嫌われているんじゃないか」

悩みに悩んだところで、残念ながら答えは出ないでしょう。

考えてもどうしようもないことは、悩まないことです。

どうせ分からないなら、**「なるようになるさ」と開き直って**しまいましょう。

そうすれば、悩みから早々と抜け出すことができます。

悩みというのは果てしないものです。頭では理解していても、不安や怒りが大きいと、つい割り切れない気持ちも分かります。

とくに、周りに相談してまったく違う意見を言われたり、他人の思惑に振り回されると、ますます混乱してしまいます。

悩みを解決するのに、周囲の意見を取り入れようとするのは、おすすめしません。

もともと答えがないものに、人の回答で答え合わせをしようとするのと同じです。

ますます悩みにハマって、抜け出せなくなるだけです。

どうしても悩みから抜け出せないときは、「仮の結論」を出しましょう。

「たぶん、こうだろう」と仮定して悩むのを一度ストップするのです。

〝仮〟ですから、自分の都合の良い結論で構いません。とにかく、考えることをやめるのが先決です。

「仮の結論」が出れば、感情は落ち着いてきます。

落ち着いたところで、「悩んでも答えが出ないなら悩むだけ損！」と、自分に言い聞かせましょう。

こんなデータもあります。

ある大学で「心配事」に関する調査を行いました。すると、悩みの80パーセントは実際に起こらなかったといいます。

さらに、起こってしまったことも、準備さえ怠らなければ、大事に至る前に解決できるのだそうです。

心配事の多くが悩んでもムダだということは、データとしても実証されているのです。

「悩んでも損！　だから自分にできることをやるしかない」

たいていの場合、私はこの結論に至ります。

悩むべきは、答えが出ることだけ。

行動を変えられるなら、大いに悩みましょう。

そして自分自身の行動で、未来を変えていきましょう。

6 イメージ力をやる気に変える

子どもの頃、どんな夢をもっていたでしょうか?

ケーキ屋さんになって大好きなケーキをたくさん食べることだったり、飛行機に乗って夢の国に行くことだったり、お姫さまになって、王子さまとお城で暮らしたり……。妄想してはうっとりして、絵に描いたりしていたはずです。

それが、だんだん大人になるにつれて、自分の夢が描けなくなるのはどうしてでしょう。「現実を見なきゃ」「夢なんて絵空事」と、フタをしてしまっているかもしれません。

イメージの力というのは、あなたが思っている以上に強いものです。

目を閉じて想像してみてください。

子どもの頃に描いた理想の王子さまに出会って、幸せな自分の姿を鮮明にイメージしてみましょう。王子さまが笑いかけてくれる様子、手をつないでデートをしている場面、ドキドキしながら見つめ合う二人、甘いキス……。

さあ、あなたの今の表情はどうでしょうか。

にんまり笑顔になっていませんか？

「今さら、王子さまなんて〜」と思いながらも、ちょっとワクワク、ウキウキできたのではないでしょうか。

その気持ちのまま、メイクをしたり服を選んだりしてみてください。いつもより華のある自分がいるはずです。

同じように、理想の自分をイメージしてみましょう。

重要なのはイメージしたときの「感情」です。

「ドキドキする」「ワクワクしてくる」「ウキウキする」など、心地良い感情になればOKです。

人間は、イメージができないことは絶対に行動しないものです。ところが、**気持ちの良いイメージがあると、潜在意識が手伝って、実際に体が動く**ようになります。

私は貧乏な時代に、このイメージ力を利用していました。

「おしゃれなデザイナーズマンションに住んで、ハワイに別荘があって。旅行をして、美しい海にたくさん潜って、その土地のおいしいものを好きなだけ食べて。メイクアップアーティストとしてひっぱりだこで、海外でも仕事をするようになって……」

そう何度も繰り返しイメージすることで、ワクワクが止まらなくなりました。

「どんなデザイナーズマンションかというと……」

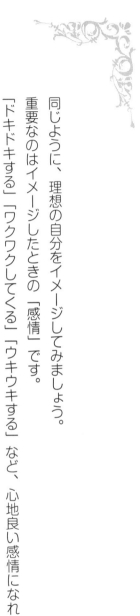

「ハワイの別荘はこんな感じで……」

実際にインテリア雑誌を読んでイメージを膨らませたり、行ってみたい高級レストランに行く〝下準備〟として、ほんの少し敷居の高いお店のランチに行ってみたりしたこともありました。

そうして**リアルに思い描いたことで、それが現実に起きる**のは、だんだん「当然のこと」と思えるようになったのです。

今では実際に、あちこち海外旅行に行っています。スキューバダイビングも始めて、美しい海の中を楽しんでいます。おいしいものを食べて、仕事も楽しんで、夢に描いたことを実現してきました。

すべて、心の中で強く鮮明にイメージした結果です。

リアリティのあるイメージができるようになれば、ワクワク感が高まり、行動に移せます。

どんなに現実に悩みがあったり、困難なことがあったりしても、楽しいイメージをもつことはできるでしょう？

そして、その**イメージ力こそ現実を変えるカギ**なのです。

どんなに恥ずかしい夢でも、思い描くだけなら人にばれません。

そうはいっても、想像するのが難しいと感じたら、小さい頃の夢を思い出してみてください。

あの頃、想像してはドキドキしていたこと、興奮したこと、楽しい、うれしいと感じていたことを思い返してみるのです。

イメージすればするほど、現実も楽しくなってきますよ！

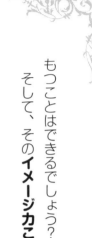

7 本当の愛を知るには

私の親友は男性で、かれこれ20年来の付き合いです。ときには、キツイことも言われますし、ダメ出しされることもしょっちゅうあります。でも、本当に悩んだとき、人生の岐路に立たされたとき、一番、信頼できるのがその友人なのです。
なぜ、そのように信頼できるかというと、相手も自分をさらけ出してくれるからです。

言いづらいことまで言い合える関係は、ありがたい関係です。その関係性を築くのに、時間はあまり必要ありません。

大事なのは、**自分の弱みをさらけ出せるかどうか**だと思います。
そして、それができるかどうかは、お互いにどれだけ素の自分でいられるかだと思うのです。

だから、私はどんな人とでも、自分から先に、自分をさらけ出すようにしています。
力を抜くのをやめれば、相手も力を抜きます。

『しくじり先生　俺みたいになるな!!』（テレビ朝日系）という人気番組があります。
私も大好きな番組です。有名人が自分の恥ずかしい過去や、目を覆いたくなるような大失敗をとことん披露します。

その話自体もとてもタメになって面白いのですが、それよりも徹底した〝さらしっぷり〟に驚かされます。

毎回、「よくここまで明かせるなあ」と、感心してしまいます。そして番組が終わる頃には、いつもその出演者に好感をもってしまうのです。

たくさん失敗したから、人生どん底の経験をしたから、欠点のある人間だから……。だからといって嫌われることはないのです。

欠点をさらしたほうが、愛されるし、うまくいく。人に応援してもらえます。

これは、友達でも家族でも親や子ども、彼や夫でも同じです。

自分を素直にさらけ出すことが、愛されるための一番の秘訣だと思います。

「かっこ悪いけど、聞いてね」そう言い合える関係性にこそ価値があります。

本音で語るから、お互いを高め合えるパートナーになれるのです。

そのためには、まず自分から、恥ずかしいことも、言いづらいことも、さらけ出すこと。

自分の短所をわざわざひけらかす必要はありませんが、隠す必要もありません。むしろ、欠点はチャームポイントです。


ムリをして隠そうとするから、コンプレックスになり、秘密や後ろめたさを抱えることになります。堂々と話せば、欠点にも汚点にも見えません。

何かを必死に隠そうとしていることは、なぜか伝わってしまいます。そんな人と話をしていると「触れてはいけないポイント」がどこにあるのか分からずに、気を使うだけです。

そのような状態で、距離を縮めることはなかなかできないでしょう。


ときには、〝自分全開〟で、自分の想いを素直に出してみてください。

最初は、戸惑うかもしれません。でも、さらけ出した後は、より強い関係性を感じられるはずです。

お互いに本音を言い合える同士。長所も短所も認め合える関係。
それが愛し愛される「絆」になるのです。

Column

大好きな動物と一緒に過ごす幸せ

28歳のとき、私はペットショップでアライグマを見かけて、一目で気に入ってしまいました。

飼いたいと思ったら、いてもたってもいられない性格です。

店員さんに聞くと「どなたでも飼えます。世話は犬と一緒です」と教えてくれました。

当時のお金で15万円を払ってその場で買い、「ラスカル」と名付けました。

ところがこのラスカル、犬よりも賢い動物でした。手が器用で、爪が鋭く尖っていて、私はいつも傷だらけにされました。

一番困ったのはアライグマの習性です。

何でも洗って食べないと気がすみません。クッキーをあげたら、まず洗って、全部溶かしてしまいます。私もだんだん学習して、洗っても溶けない野菜や果物をあげるようにしました。

さて、このラスカル。我が家に来て2年目のある日、自分の手で器用にケージの鍵をあけて脱走してしまいました。

近所の派出所に駆け込んで捜索願いを出したら、若いおまわりさんは「クマですか?」と勘違いして叫ぶなり、緊急配備をしてしまいました。大勢の警察官が集まって大捜索しましたが、ラスカルは見つかりませんでした。

そのまま3カ月ほどたって諦めていた頃、なんと新聞にでかでかとラスカルの写真が載っていたのです。地元のお寺で保護され、住職さんが食べ物を与えている写真でした。

その記事を読むと、ラスカルは住職さんにとてもなついて幸せそうだったので、私はあえて名乗り出ませんでした。

もともと私は犬や猫が大好きで、小さいときからペットと一緒に暮らしています。15歳のときにはリスザルを飼っていました。名前は「アメデオ」です。

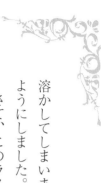

今の夢はイルカを飼うことです。

日本国内で、個人でイルカを飼っている人は、まだほとんどいません。

イルカのオーナーになって、自閉症の子どもたちを癒すイルカセラピーをやりたいと本格的に計画しています。

第5章

キレイを捨てると
キレイになれる

1 たかがメイク、されどメイク

「キレイ」という言葉には2つの意味があります。

私はメイクアップアーティスト、パーソナルカラーアナリストとして30年以上、女性たちの美のお手伝いをしてきました。

今も20～60代までの女性に向けて、メイク教室を月に4～5回行っています。おかげさまでいつも教室は満席で、「岡本さんのメイクで価値観が変わった」とよく言われます。

どういうことかというと、私は表面的な美しさではなく、内面が美しくなる方法を常に教え続けているからです。

人はみな、年を取ることは避けられません。皮膚は劣化し、シワやシミ、くすみが出てきます。体のラインも崩れます。しかし、そのシワやシミやくすみが魅力的な女性もいるのです。

女性の美しさには表面的なものも必要ですが、内面的な心の潤いも大切だと分かった瞬間に、女性の価値観は変わります。

見た目だけキレイになりたいという欲を捨てる、つまり**「キレイを捨てる」と自分の中にある本質的な美しさが見えてくる**のです。


メイクのテクニックだけうまくて、外見はかわいくしていても、性格がきつい人、自己中心的な人、心が美しくない人は、結局、誰からも愛されません。

自分の可能性を磨き続ける人が、男性からも女性からも愛され続けるのです。


女性に生まれた以上、メイクは必要です。自分の魅力を最大限に引き出すために欠かせないツールです。

ですが私のメイク教室は、ただテクニックを教えるだけでなく、心に栄養を与え、気持ちを潤すことを目的にしています。お肌以上に、心をプルプルに！

第5章

メイクスクールには、キレイな人が「さらにキレイになりたい」とやってくるだけでなく、美に関してまったく知識がない〝原石〟の女性も集まります。

まだ磨かれていない状態で自信がないかもしれませんが、「キレイになりたい」という欲求をもち、行動に起こしたプロセスを、まず私は賞賛します。一歩を踏み出し、ご縁があって私のところにいらしたからには、精一杯、お手伝いさせていただきます。

原石の彼女たちは、眉は生やしっぱなしで、肌はお手入れもせず、ニキビや吹き出物でいっぱい。髪型もトレンドはお構いなく、艶のないパサパサヘア。ホームウェアのような服装でやってきます。

それが、ちゃんとお手入れをしてメイクを学ぶと、見違えるように美しくなります。

定期的に講習に来てくださって、その都度、変わっていく姿を見るのは、私にとってもすごく幸せなことです。

だんだん眉毛もパパッと自然に上手に描けるようになり、どんどんあか抜けていきます。

暗い色ばかりだった服も、レッスンを重ねるごとに明るい色に変わっていくのは、まさに心の変化の表れです。

私は必ず、一人ひとりの変化を見つけるようにしています。「○○ちゃん、本当にキレイになったね！　眉の描き方も自然になったよ」と声をかけます。あくまで私の素直な感想ですが、「メイクレッスンに来るたびに、自信がつきます」と、それも彼女たちに磨きをかけているようです。

キレイになると、自然に外出したくなります。するとと、出会いが多くなります。新しい友人、思いもしなかった交友関係が増えていきます。

そうすると、とっても楽しくなります。人生が豊かになり、感動するような出来事をたくさん経験できます。

そして、相手を思いやるゆとりが生まれます。自分自身の心が満たされているからこそでしょう。

メイクで人生が変わります。

見た目がキレイなことだけに固執しなくなると、本当のキレイが手に入ります。

2 美人になりたければ最初に眉を変えてみる

メイクはその人の美を最大限に引き出すものです。

骨格や顔の形、パーツの大きさ、バランスなどで、それぞれ引き出し方があります。

ダンスにもキメのポーズがあるように、メイクにもキメどころがあります。一番は、何といっても「眉」です。

少しでもバランスが悪いと、下がり眉になって、笑ったときに「へへへ」と妙な苦笑いのように見えてしまったり、眉山や眉尻の長さが足りないと、顔がぼやけて表情が乏しくなったり。

眉の描き方ひとつで、顔が小さく、ほっぺも上がって見えます。目もぱっちり見えて、表情も明るく見える。すごい効果なんです！

だから、私のメイクレッスンで、何度も繰り返し練習してもらうのが、眉の描き方です。

眉にも流行があります。

シュッと長く細い眉がもてはやされたり、太くて一文字のようなフサフサした眉が注目されたり、どんどん変化しています。

でも、まずは**「自分の顔に合った眉」にすること**が肝心です。流行に乗っても、自分に合わなければ、せっかくの努力が台無しです。

まずは、鏡の前で自分の眉の形をじっくりと確認してください。

・左右の眉山の位置
・左右の眉毛の形

次に、自分の眉の形に合わせ、ペンシルで眉の形をとっていきます。

・眉頭の上側～眉山、眉山～眉尻まで

・眉頭の下側〜眉山まで

そして、パウダーで眉の間を埋めて、余分な毛はカットします。パウダーを使ってぼかすことで、柔らかい印象に仕上がります。

ただ、顔は平面ではなく立体なので、正面だけチェックしていると、横顔がゆがんで見えることがあります。

どこの角度から見てもキレイに見せるために、「3D」を意識します。眉毛の流れを整えると、のっぺりしません。

眉尻の長さが横から見てもバランスがとれているか、顔を前後に振りながら、細かく確認しましょう。

そうすれば、カフェで飲み物を飲んでいるときも、カウンターで横から声をかけられたときも、自信をもって美しくいられます。

自分の顔に合う眉にするだけで、顔全体にメリハリが出て、グンと引き締まります。いつも「眉ひとつで、こんなに変わるの!?」と、生徒のみなさんが驚いてくれます。

そんなみなさんの様子を見て、私は気がついたことがあります。

眉を描いてるとき、みんな一番〝いい表情〟をしています。

毎日、眉を描くだけで、表情まで美しく変わっていきます。


もう一つ、眉を描くメリットがあります。

眉は集中しないと描けません。

だから、眉を描こうと神経を集中させると、心が落ち着くのです。

メイクレッスンでは「旦那とケンカしたときや、すごく怒ってるとき、怒りを鎮めたいときこそ、眉を描き直してくださいね！」と話しています。


イライラしたときにも、眉を描く。

キレイになれて、優しくなれる。とってもおすすめです。

3 自分に似合う色を見つける

自分に似合う色を知っていますか?


一度は、自分に合う色「パーソナルカラー」を学ぶべきだと思います。

自分の印象を大きく変えるからです。

これは一生もの、と断言できます。


パーソナルカラーとは、その人の生まれ持った肌や目、髪色などと雰囲気が調和する色のことです。

人それぞれ個性があるように、似合う色もそれぞれ違います。

ところが色を選ぶときに、重視されるのは、たいてい「年齢相応」か「流行」ではないでしょうか。自分に似合う、似合わないにお構いなく、そういう感覚で選んでしまうのが失敗の元です。

自分に似合わない色を着ると、目のクマ、ほうれい線のくぼみ、シミやそばかすが目立ちます。色を間違えると、残酷なほど老けて見えてしまいます。

調子はいいのに、なぜだか「昨日寝てないの?」「疲れているね」と言われたら、まとっている色のせいかもしれません。

反対に、**似合う色を身に着けていると、顔色がパッと明るくなり、輪郭が引き締まります。髪の毛のツヤや目の輝きが変わります。**ふだん気にしているところさえ、みごとに気にならなくなります。

日本人は黒色が好きで、ビジネスパーソンであれば、黒系のスーツを着ることが多いでしょう。交差点で立ち止まって見渡せば、黒・黒・黒……ということも。

確かに、黒、紺、グレーは間違いのない色です。

ただ、パーソナルカラーによっては、キャメルやベージュのような茶系のスーツがとても似合う日本人は多いのです。

そういうタイプは、黒いスーツがかえって暗いイメージを作ってしまいます。スーツや黒い服を着ると地味に見えるという人は、茶色系に替えてみるのもおすすめです。

また、年齢を重ねるに従って、明るい色を控えるようになるのも残念に思います。日本は海外に比べて、色に対しての意識が、すごく遅れているようです。

私はカラーアナリストとして、もっと色を取り入れて、楽しんでほしいと思います。一人ひとりが「パーソナルカラー」を知って、「今日は面接だからキリッとしたイメージに」「デートだから優しい雰囲気に」「お出かけだから、いつもとは違う雰囲気に挑戦してみよう」と、毎日のスタイリングに取り入れることができれば最高です。

青森県で開いたカラー講座では、80代の女性が「自分に似合う色を知りたい」と受講しに来てくださいました。

とても上品に、紺色のワンピースを美しく着こなしている方でした。

パーソナルカラー診断をしたところ、これまで好きだと思って着ていた服は、ぴったりと彼女に似合う色。「自分が今まで好きで選んでいた色はやっぱり似合う色だったのね」と大変喜んでいらっしゃいました。

また、これまで試したことのない色の中にも美しく見える色があることを知って、「その色のワンピースにも挑戦してみるわ」とウキウキした声でおっしゃっていました。

そんな様子を見て、私自身も「何歳になっても、キレイでありたいという向上心をもち続けていたいな」と大変感激しました。


大人になると、つい同じ色を使い回ししてしまいます。

印象が代わり映えしないのは、失敗を恐れて、新しいカラーに挑戦しないからです。

旬のメイクやファッションで冒険したいときも、パーソナルカラーさえ知っていたら、違和感なくまとまります。

流行や服のデザインは変われども、自分に似合う色は変わりません。 それを上手に応用しながら、TPOや気分、季節に合わせて色で遊べば、魅力もぐんぐん高まること間違いなしです。

第5章

4

30代を過ぎたら服は「質感」にこだわる

服を選ぶとき、色やデザイン、サイズ感、着まわし、値段など、さまざまなことを検討すると思います。

もちろんすべて大事ですが、イメージを決定づける最も重要な要素を忘れがちです。

それは「質感」です。

質感というのは、その素材がもつ、滑らかさや光沢、状態です。

フワッとしていたり、ツルツル、キラキラしていたり、触らなくても、その感覚が伝わってくるものです。

自分ではさほど気にしていなくても、見る相手には一瞬にして伝わり、その人のイメージを決定づけてしまうこともあります。

つややかな素材に上品さを感じたり、ピシッと折り目のついたパンツスーツに清潔さを感じ取ったり。質感があなたのイメージを作り上げてしまうのです。

「ブランド品だから安心」と、たまにカン違いしている人がいますが、質感の良さとはなにも高級な衣服で身を固めることではありません。

素材にこだわって作られたものが、きちんと手入れが行き届いている状態。これが質感の良さを決定づけます。

ファッションは、自分を表現する方法でもあります。

大事な打ち合わせのときは、信頼感を伝えるために上質なジャケットを身に着ける。PTAの集まりのときには、親しみやすさを出せるようにやわらかい素材を組み合わせる。

気配りできる心のゆとり、ひと手間かけられる暮らしの潤いといってもいいかもしれません。

若いときはいいのです。でも、30代を過ぎると、服の質感がものをいうようになり

第5章

ます。

ヨレッとした服では貧相に見えてしまうため、ある程度きちんとした素材の力を借りるのが賢明です。**服の素材にこだわることで、魅力を底上げできる**のです。


よく使うベーシックな服ほど、質感が出るものを選びたいものです。

アクリル素材はヨレやすく、毛玉ができやすいので、カシミヤやアンゴラなど光沢があるものを選ぶといいでしょう。

白いTシャツにしても、しっかり目がそろった綿100パーセントのものは、光沢感があり肌触りも滑らかです。綿の栽培地や糸の紡ぎ方、織り方によっても風合いが異なります。

シワになりやすい綿素材の代わりに、シルク素材を選んでみてはどうでしょう。マットな素材は落ち着いた印象を与え、大人っぽく見せてくれます。

宝石類も、年を重ねた肌には、イミテーションではなく本物の輝きが似合います。

質の良いものは、単価は高くても、素材や仕立てにもこだわっているため、何年も愛着をもって使うことができます。

量販店で2千円の服を5枚買うのではなく、信頼できるお店で素材の良いものを1万円で1枚購入する。トータルの衣服代は変わりません。

人に与える印象だけでなく、自分にとっても着心地や手触りが良く、何よりも心が潤います。

袖を通したときの気持ち良さは、そのたびに、この世で幸せなことの一つとさえ感じるほどです。

その幸福感や余裕も、あなたをより美しく見せます。

5 月1回のエステより毎日のお手入れで肌質は変わる

大事にしたい質感は、服装ばかりではありません。肌や髪も同様です。

プルプルとみずみずしい肌。

第5章

つややかな濡れるような髪。

うるうるとした瞳。

若々しさやイキイキとした印象を左右するのは、その質感です。

年齢を重ねるうちに、シワやシミが目立つのは仕方のないこと。でも、肌ツヤや髪の質感が高まれば、気にならないものです。


50歳を過ぎた今も、多くの生徒さんたちから褒められます。

「岡本さん、本当にお肌がキレイですね。化粧品は何を使っているんですか？　エステはどこに通っていますか？」

実はエステに通ったことはありません。化粧品もデパートで購入できる、ごく一般的なものを使っています。

質感は、毎日の積み重ねによって作られます。

月1回のエステよりも、毎日のお手入れによって決まります。高いクリームも必要ありません。

大事なのは、**肌の汚れを完全にオフ**すること。その日の汚れは、その日に取り除くのが鉄則です。

最初にクレンジングシートでマスカラや目元、小鼻などを丁寧にふき取ります。そして、お風呂に入りながら、オイルで全体のメイクを完全にオフします。

オイルを使うのは、肌の摩擦が少ないからです。オイルは乳化すると白くなるので、メイクを浮き上がらせた後、洗顔します。

石鹸は細かく泡立ててください。私はダブル洗顔どころか、3回繰り返す〝トリプル洗顔〟で、念には念を入れて落とします。

そして、**お風呂から上がったらすぐに化粧水**をつけます。**細かい化粧水のミストを吹きかけて、乳液とクリームで終了**です。

洗顔、水分補給、潤いを与える。それだけのシンプルなお手入れです。

肌質によってはそこまで洗わなくていい場合もありますが、私はスキンケアは洗顔に始まり洗顔に終わると思っています。みなさん、顔に塗るものはこだわってお金をかけますが、私はそれ以上に洗顔にこだわりを持っています。

コツは、**一つひとつを丁寧にする**ことです。肌をこすらないように、摩擦しないよ

第5章

うに優しく洗いましょう。

気をつけているのが「紫外線」です。

老化の80パーセントは、紫外線からといわれます。私は冬でも日焼け止めクリームを欠かしません。

どうしてもお肌に潤いが減ってきたと感じたら、私はファンデーションを替えるよう、アドバイスしています。

ツヤにこだわったファンデーションや下地が豊富に出ています。

そういうタイプのファンデーションを薄く伸ばすだけで、表情がパッと明るくなります。ツヤツヤとした質感は、乾燥によるシワをうまく飛ばしてくれます。

あくまでギラギラしないように、少量を薄く伸ばすのがコツです。

食から、肌ツヤを高めることもできます。

イソフラボンが豊富な大豆食品を積極的にとりましょう。食物繊維とフルーツも肌の質感をアップさせる大事な要素です。

油も必要な要素ですので、ナッツやオリーブオイルから摂取するといいと思います。

私はおやつに無塩のミックスナッツを食べるようにしています。


30代を過ぎたら、髪型よりも髪のツヤにこだわりましょう。

実は、髪に栄養やコラーゲンが届くのは一番最後です。

健康的な髪を生み出すには、食べ物しかありません。

とはいえ、外側からツヤを出すには、毎日使うシャンプーとリンスにこだわることです。丁寧に時間をかけてブラッシングするだけでも、ツヤは出ます。

余裕があれば、定期的に専門サロンで内部補修効果が期待できるトリートメントを施すことで、輝きが変わってきます。

カラーや白髪染めを使うときも、ツヤ感が増すカラーを選んでください。

ツヤをまとえば、誰でもすぐに美しくなれます。

第5章

6 出産、子育てのときは一時的にキレイを捨ててもいい

出産や子育て中の方は、頑張りすぎないでほしいというのが私の願いです。

私自身、子育ての時期はノイローゼ気味になった経験があります。

望んで望んで、体外受精でやっとできて、高齢出産で産んだ子どもでしたから、大切に育てました。

しかし、実家を離れ、仕事と両立していたため、身近に頼れる人やママ友が一人もいませんでした。育児の知識はすべて本からでした。

本には生後3カ月はミルクを1回120ミリリットル以上飲むと書いてあるのに、うちの子は全然飲まないので、病気を疑ったり、パニックになったりしたこともあります。

夜中に何回も夜泣きして、本に書いてあるように寝かしつけようとしても、まった

く効果のない毎日でした。出口がない暗いトンネルに入ったような感じでした。

子育て中は、自分の時間をもつ暇はなかなかありません。

なぜなら、自分のことよりも子どもが優先になるからです。

そんなときは、キレイになるための努力や投資は、置いておいてもいいと思います。

30代向けの雑誌を見ると、ママ友に会うときの服装に白いシャツが紹介されていたり、ヒールを履いて子どもと公園に行く写真が載っています。

憧れとするのはいいのです。

でも、「自分は他のママと同じようにステキじゃない」「他のママは、もっと自分のことを頑張っている」と、自分を卑下してはいけません。

子育て中は自分に構っていられないのが、多くのママたちの本音です。

白い服を着た瞬間、お菓子で汚れた手で子どもが触ってくるので、着るものといえば、「安い・動きやすい・汚れが目立たない」ものばかりだったりします。

あちこち動く子どもを捕まえられるように、履くのはスニーカーだけ、なんてことも当然です。

子どもが顔をべたべたと触るので、メイクがつかないようにファンデーションを極力しないというママもいます。

単純に「メイクをする時間がない！」と嘆くシングルマザーもいます。


子育て真っ最中のママから、ため息をつきながら相談をもちかけられると、「私も、なりふり構わず、子育てに没頭していたよ！」と正直に答えます。

メイクの仕事をしていますが、そんなときもメイクをしようだなんて、口がさけても言う気になれません。

そのときの状況を無視して、「雑誌やインスタのようにステキにしなきゃ」「こんな自分では恥ずかしい」と思い込むのは、とてもつらいものです。

挑戦と、ムリすることは違います。挑戦はあくまで、自分の心が「本当はこうしたい！」と望むことに素直になること。


「今は子育てに夢中」それもステキな挑戦です。

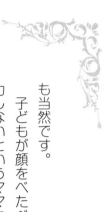

人それぞれに個性やペースがあります。それは子どもも、ママも同じです。

私がそう気づくことができたのは、やっぱり外に出てからでした。

地域の子育て支援センターやママ友グループに入って、いろんな人の話を聞いて、次第に気持ちも落ち着いてきました。


女性の一生には、美しさだけを追いかけられないときもあります。

子育て中だけではありません。仕事や、夢を追うときなどもそう。

そういうときは、キレイにこだわらず、髪を振り乱しても思い切ってやってみることです。

そういう**経験すべてがイキイキと輝く糧になる**ことを、私が保証します。

7　50歳には50代の、60歳には60代のキレイが絶対にある

「20歳の顔は自然から授かったもの。30歳の顔は自分の生き様。だけど50歳の顔に

はあなたの価値がにじみ出る」

この名言を残したのは、フランスの有名ファッションデザイナーであるココ・シャネルです。

波瀾万丈ながらも真っすぐ筋の通った人生から生み出された言葉には、いつもハッとさせられます。

別の表現で、「50歳の顔はあなたの功績」という言葉も残しています。

私自身、50代半ばを過ぎ、この言葉がしみじみと身に染みるようになりました。

「老けていくのが不安でたまらない」

「この先、シワとたるみが増えるだけ……」

50代になると、これまでとは明らかに違う老化の進行に戸惑う人が多くなります。

確かに、若い頃と同じように、シワのない肌を目指すのは難しいかもしれません。

ただ、丁寧に肌をいたわっていれば、美肌は十分に保てます。

年齢が増すごとに、保湿にこだわりましょう。手にたっぷりと化粧水を取り、ハンドプレスで、しっかりと潤いを届けるのです。クリームでツヤもプラスしましょう。

そして、**適度な運動で体のたるみも改善**します。


いつまでも年齢を感じさせずイキイキと変わらない人もいます。

そういう人ほど、実はあまり外見にはこだわらず、ただ好奇心のままアクティブに動いているものです。

「ワインの資格を取るために勉強中なのよ」

「日本国中の山を制覇するのが夢！」

もちろんそれが、美に関係することもあります。

「新しいメイクに挑戦してみたの」

「着たことのない色だけど、どう？　似合う？」

年を重ねた美しさは、メイクや美肌以上に、その人自身が輝いていることが重要なのです。


いくらシミやシワが少なくても、表情が乏しかったり、口元がへの字になっていたり、イライラと眉間に力が入っていたりすれば、美しくは見えません。

第5章

それよりも、〝笑いジワ〟がたくさんある顔のほうが100倍美しい!

年齢を重ねたからこその美しさもあります。そこに表れているのは、「生き方」そのものです。

若い頃は肉体的な美しさが勝りますが、年齢を重ねるにつれて、それまでの経験値や教養、人間的な美しさがにじみ出てくるものだと思います。

挑戦女子は、何歳になっても美しい。

私の最年長の友人は80代です。

上品でとても美しい方です。苦労もされてきましたが、いつも自信に満ちて、幸せにあふれた表情の美しさに目を奪われます。

たくさんの人を笑顔にして、サポートしてきた優しさのある頬。

困難を乗り越えて、清々しさをまとった口元。

見つめられるだけで安心するような柔らかい瞳。

大変なことも、歯を食いしばって頑張ってきた粘り強さが表れた表情。

年齢とともに心身も磨き続けてきた女性ならではの輝きが、いつも全身を包んでいます。


いくつになっても、美しい顔でいたいというのが女心です。

お金をかけるだけでも、美しい肌は保てるかもしれません。

でも、それ以上に、**どんな生き方をしてきたかで、あなたの顔が作られる**ことを忘れずに、日々を大事に生きたいものです。

8 体の老化を防ぐ「筋トレ」

ハツラツと行動している人はステキです。年齢を感じさせず、いつまでも若々しく見えます。その行動力はどこからくるのでしょうか。

私は以前からあるポイントに注目してきました。

それは**「筋力」**です。

筋力が衰えると、姿勢が崩れてきます。筋肉が骨を支えているからこそ私たちは立っていられるのですが、その骨を支える力が落ちると、背中や腰がぐんと丸まった〝おばあさん体型〟になってしまうのです。

悪い姿勢によって背骨が圧迫されると、ますます腰が曲がり、歩くのもままならなくなります。

老化によって体が衰えるのは確かですが、人によって差があるのは、習慣による影響も大きいのです。

座っておしゃべりばかりしている。

出かけるのがおっくうで、つい家に引きこもる。

階段ではなく、エスカレーターやエレベーターばかりを使う。

スーパーの駐車場で入口の近くに車を停める。

そんな行動にあなたも心当たりはありませんか？

動かずにいれば、当然筋肉は使われずに減っていきます。便利な状況に甘えていれば、筋肉は衰え、体力は落ちていくばかりです。

それを補うためにも、「筋力トレーニング」は欠かせません。

筋トレというと、つらい思いをしながら、重いものを持ち上げたり、限界に挑戦したり……。なんだか苦しいイメージがありますが、なにも〝筋骨隆々〟にする必要はありません。

難しいことやキツイことをするのではなく、**自分にできる範囲から少しずつ筋トレを取り入れる**だけでいいのです。

実は、筋トレは何歳から始めても効果があるそうです。90歳になってさえ、筋肉がつくことが分かっています。思いたったとき、いつからでも効果があるのです。

ジムに通うなどして、わざわざ筋トレの時間を作らなくても、日々の行動の中に筋トレを組み込んでしまえばいいのです。

第5章

たとえば、私がやっている一例です。

・歯を磨きながら片足立ちをする
・バランスボールに座る
・イスに座るときは、太ももをくっつける
・家事の合間にスクワットをする
・エスカレーターは使わずに階段を使う

その気になれば、日常生活のいたるところで筋トレができます。


筋肉がつくと、体が引き締まって、均整のとれた体つきになります。

背中もピンと伸びて、若々しさが強調されます。

基礎代謝がアップするので太りにくい体が作られますし、肌細胞が活性化されて、お肌のハリも蘇ります。

しかも、ある研究によると、筋トレをすることで「若返りホルモン」が分泌され、アンチエイジングにも効果的だとか。

まさにいいことずくめなのです！

9 絵画や舞台など美しいものを見て感動する

最近、何かに感動しましたか？


私は先日、「スーパー歌舞伎」を鑑賞して大感激したばかりです。

情熱あふれる演技に感嘆し、芸の奥深さ、豪華な舞台にすっかり魅了されました。

テレビで観るのと、生の舞台を観るのはまったく違います。オーラに圧倒され、観客の熱気もむんむんと伝わり、自分もまるで舞台の一部になったかのような気分を味わいました。


それから歌舞伎にはまり、話題の舞台をいくつも観劇しました。

ストーリーの細やかさ、大胆さ。ワイドショーでしか見たことのなかった市川海老

第5章

蔵の息をのむ美しさに驚きもしました。

なぜこの歳まで歌舞伎を見なかったか、それが残念なくらいです。


私の祖母と母が、宝塚と劇団四季の大ファンでしたから、物心ついた頃からミュージカルに親しんでいました。

私自身、宝塚音楽学校を受験しようと、高校3年間のほとんどは習い事に費やしたほどです。残念ながら、テストの点数はパスしたものの、身長が足りずに落とされてしまいましたが……。


周りに好きな人がいないと、なかなか生の舞台を観る機会は少ないかもしれません。

でも、ちょっと調べてみると、たくさんのお芝居や舞台があちこちで行われています。

よく分からなければ、「ロングセラー」や「話題」の舞台なら、外れません。

長期間公演しているものや、口コミなどで広まっているものは、それだけ感動した人の数が多いということ。

ぜひ、生の舞台を体全体で感じてほしいと思います。

美術館に足を運ぶのもおすすめです。一人で来ている人もたくさんいます。

美術館では、さまざまな企画展が開かれます。

インターネットなどで調べて、少しでも面白そうだなと心が動いたものを観に行ってみましょう。

よく分からなかったり、感動できなくてもいいのです。

「ああ、こういう絵があるんだ」と知るだけで、世界が広がります。

ゆっくりと館内を歩いて、1枚でもいいので「気になる作品」を選んでみてください。作品名や時代背景、作者の想いなどが紹介してあります。

自分なりに想像を巡らせながら、その絵を眺めてみるのです。

私がフィンセント・ファン・ゴッホの「ゴッホ展」に行ったとき。

「この絵を描いたときは好きな人がいたんだろうな。大恋愛をしているときの絵だから筆のタッチに勢いがあるんだな。白や赤色が使われていて明るいのも、そのためか」

ゴッホの人生と照らしながら作品を観て、改めてゴッホの絵が好きになりました。

まったく知らない世界の展示会に行くのも大好きです。

たとえば、「エジプト展」や「昆虫の世界」など。知らなかった世界をのぞくことのできる魔法の鏡のようなものです。

エジプト展では、メソポタミア時代に使われていたお皿やネックレスがずらりと並べてあり、古代の人のロマンをリアルに感じました。

ほんの数千円で、まったく知らない世界をのぞくことができるなんて、本当にすごいことだと思います。

「日本ではまだ穴を掘って生活している同じ時代に、エジプトでは美しい宝飾品が作られていたんだな」

「こんな美しい色の組み合わせがあるんだ」

「世の中には、不思議な形をした虫がいるもんだなあ」

その感動は時間がたっても劣化しません。

舞台や美術館、気になる場所に足を運んで、感じる力をつけましょう。

一生のうち、どれだけ感動できるか。それで人生の幸せが決まると思っています。

10 挑戦女子は「たら」より「たい」が好き！

女性の口癖に、「たら」と「たい」があります。

「かっこいい恋人がいたら」

「お金があったら」

「もっとスタイルが良かったら」

「もう少し若かったら」

「たら」がつく限り、状況は変わりません。「もしもこうだったら」と過去を後悔したり将来を憂えたり、叶うはずもない理想を語っていても、行動には結びつかず、グ

第5章

チになるだけです。


挑戦女子は、「たら」は使いません。

「かっこいい恋人と一緒にいたい」

「お金をたくさん稼ぎたい」

「もっとスタイルが良くなりたい」

「もう少し若く見せたい」

「たい」という言葉で表現します。同じような会話をするときでも、グチにはならないのです。


「たら」という言葉は仮定形ですが、「たい」は強い意志です。目標であり、すぐに行動に移せるものです。


「たら」を「たい」に変えるだけで、あなたの願いはどんどん叶っていきます。

それに、魚の「たら」は安い大衆魚ですが、「たい」は高級魚ですよね。

もちろん最終的には、「やります！」と言い切り型にするのがベストです。

ここでは、「たい」を、現実に変える3つの方法を教えます。

・「〇〇したい」と強くイメージすること
・夢を叶える環境を整えること
・行動すること

通常、ビジネスの世界では、PDCAサイクルを回します。プラン（P＝Plan）を立てて、やってみて（D＝Do）、チェック（C＝Check）し、そして改善（A＝Action）していきます。

私は人生において、このうち、Pのプラン（計画）とCのチェック（反省）は不要だと思っています。**行動して、結果だけを楽しめばいい**のです。

たとえば、好きな人にフラれてしまったとします。反省はいりません。もっといい男性を探しに行きましょう。

どうしたら出会えるか、あれこれ計画するより出かけましょう。友達に「紹介して!」と言いましょう。


魚を釣るとき、釣れなかったらどうしますか?

あれこれ分析する? 新しい道具をそろえる?

いいえ。場所を変えればいいだけです!

恋愛も、仕事も、人生のどんなことも、場所を変えて大物が釣れるまで何度も糸を垂らせばいいのです。


挑戦女子の行動には、プランとチェックはいりません。

とにかく行動して、ダメだったら、さらに新しいことに挑戦する。DとAの連続です。

それを繰り返しているうちに、理想の自分になって、どんな夢も叶います。

Column

ゴルフの素人なのにゴルフ雑誌に取材された

たまたま友人の男性と話をしていたとき、ドライバーというゴルフクラブで飛距離を競う「ドラコン大会」があると聞きました。

ちょっと興味がわいたので「私も出られますか？」と聞いてみると、相手はとても喜んで「ぜひ出てください」と言うのです。

ちなみに私はそのとき、ゴルフはあまりやったことがないばかりか、ドライバーというクラブは握ったこともない、まったくのド素人でした。

とにかくドラコン大会に出ることを目標に、ドライバーを1本だけ買いにいきました。

ゴルフショップの店員さんに「ドラコン大会に出たいので、ドライバー1本だけください」と言うと、とても驚いた顔をしていました。

私はそのドライバー1本でスイング練習を3カ月間行い、大会に出場しました。

第5章

結果はさんざんだったのですが、まったくのド素人が大会に出るために猛特訓したということが大いにうけ、私は特別に決勝トーナメントに組み込まれたのです。以来、この大会からは毎年必ずお呼びがかかり、無条件で決勝大会に出場することになっています。

この話題がゴルフ界で最も有名な専門誌『ゴルフダイジェスト』にまで知られ、なんと、取材を受けてしまったのです。

「ゴルフ初心者から3カ月で大会に出場」という見出しで、掲載されました。

うれしいことに、ゴルフ歴ゼロの友人たちも大会に挑戦するようになりました。

そして私は大会に出るたびにプロゴルファーたちと知り合い、私の友人リストにプロゴルファーが大勢加わりました。

挑戦女子は、世の中に無限に羽ばたいていけます。

それは、たくさんの友達、人脈ができて、どんな世界にも仲間入りできる、どこでもドアを持っているのと同じこと。

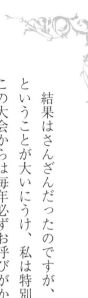

私のゴルフの実力は相変わらずですが、私の影響でプロゴルファーのみなさんがキレイなウェアを着るようになり、おじさまがたもおしゃれになってきました。
必ず雑誌やテレビの取材も入るので、みなさんで「服装だけでもトップになろう」と競い合い、ますます楽しい雰囲気の大会になっています。

第5章

おわりに

最後になりましたが、私自身のことについてお話しさせていただきたいと思います。

私は１９６３年、愛知県豊田市に生まれました。

父は小学校の教員から、自分の夢を叶えるために人形師に転身しました。

母は保育士でした。

私は幼い頃から活発な女の子で、幼稚園のときはよく抜け出して、町を探検していました。

小学校時代は、道でカエルやトカゲをつかまえてカバンに入れ、そのまま学校に行きました。授業中にトカゲが逃げ出して教室中が大騒ぎになり、何度も授業が中断していました。

短大を卒業後、私が勤めたのは、消費者金融の会社でした。

お金を借りに来る人たちを見て、私は心の底から、お金で苦労はしたくないと思いました。

そこで私は1年で会社を辞め、自分で技術を習得したら一生食べていけると信じて、メイクアップの専門学校に入り直しました。

卒業後は華やかな世界で仕事をしたいと周りに言っていたところ、知り合いが中部地区で一番活躍しているヘアメイクアーティストの先生を紹介してくれました。

その先生は芸能プロダクション専属でした。私は先生に会い、なんとか弟子入りを許されました。

しかし、待ち受けていたのは厳しい現実です。

給料はゼロ。

本来ならお金を払って学ばせてもらうべきもの、それがタダなのだから給料は出なくて当然、というわけです。

とにかく先生の専属アシスタントとして、日本全国についていき、ほぼ一日中、仕事をしていました。

通常のメイクアップに加え、テレビCMやポスターなどの仕事も入ってきました。

さらにスタイリストがいなかったので、スタイリングの役目も兼ねていました。

そこは「女だから」という甘えが一切通じない世界でした。

仕事はやって当たり前、できて当たり前。

一つミスをする、どころか、常にいい仕事をしないと切られてしまう厳しさを叩き込まれました。

言われてからやるのでは遅すぎるので、何を言われるかを先回りして考え、言われる前に必要なものを用意したり、先に、先にとやるように心がけました。

当時の平均睡眠時間は3時間くらいです。肉体的、精神的にもかなりきつい状態でした。

私の先生のところには、ひっきりなしにアシスタントが入ってきました。

しかし、10人中9人が1週間か1カ月で辞めていきました。

なぜ、私だけがやり遂げられたかというと、仕事が楽しかったからです。

最初からキツイということは分かっていたことなので、絶対に自分からキツイとか苦しいとか、弱音を吐かないようにしていました。


転機は突然訪れました。

先生が芸能プロダクションから独立することになったのです。

「ついてこないか？」と誘われましたが、私は、これは天からの啓示ではないかと思いました。

芸能プロダクションを辞めて、さらに先生のもとから独立する時期だと、直感的にそう信じたのです。

仕事の厳しさは骨の髄まで叩き込まれていたので、独立してからも大変でしたが、先生のおかげでメイクアップアーティストとして一線で活躍できる力がついていました。


どんなに華やかそうに見える世界でも、どんなにキラキラ見える人でも、その裏には相当な努力があります。

でも、自ら望んで挑戦している人は、それをつらいこととは思っていません。

夢に向かって挑戦しているから、楽しくて仕方がないのです。


英語では、季節の春も、跳躍するバネも、同じSpring（スプリング）です。

冬の寒さに耐え、地面の底でじっとエネルギーを蓄えていた生き物たちが地上に出てきて躍動する、そんなイメージです。


最後まで読んでくださり、本当にありがとうございました。

あなたの春の訪れが少しでも早く、美しく楽しいものでありますように。本書が少しでもお役に立てば、これに勝る喜びはありません。

2019年3月

岡本　浩実

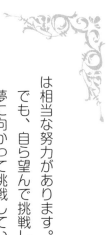

【著者プロフィール】

岡本　浩実（おかもと・ひろみ）

メイクアップアーティスト
一般社団法人ソプマ（SOPMA）理事
株式会社モンペルランエンタープライズ取締役社長

1963年、愛知県豊田市生まれ。

短大卒業後、就職した会社を1年で退社し、メイクアップの専門学校に入学。ノウハウと技術を習得したのち、芸能プロダクション専属の先生について2年間、毎日の睡眠3時間という激務で修業に励む。

独立後はメイクアップ、スタイリング、パーソナルカラーという3つの専門分野で活動し、20〜60代の女性から絶大な支持を受ける。30年間で、約1万8000人にメイクアップ、パーソナルカラーを個人指導。

ユニークな発想、服装、哲学に憧れ、日本中からファンの女性がつめかけている。

「挑戦女子」を自ら掲げ、破天荒な生き方を貫いて、趣味の乗馬は1カ月に100時間を超す。スキューバダイビングは3年で600本ほど、日本および海外の海に潜っている。

しなやかに生きる女性のための筋出力アップトレーニングにも力を入れている。画期的な健康寿命延伸のための指針を作り、そのプログラムの開発を行う。

企画協力　株式会社天才工場　吉田 浩
編集協力　深谷 恵美
　　　　　児玉 奈保美
組　　版　森 宏巳
装　　幀　華本 達哉（aozora.tv）

挑戦女子
夢を叶え、仕事も恋愛もお金も手に入れる

2019年5月30日　第1刷発行

著　者　　岡本　浩実
発行者　　山中　洋二
発　行　　合同フォレスト株式会社
　　郵便番号　101-0051
　　東京都千代田区神田神保町1-44
　　電　　話　03（3291）5200　　FAX　03（3294）3509
　　振　　替　00170-4-324578
　　ホームページ　http://www.godo-shuppan.co.jp/forest
発　売　　合同出版株式会社
　　郵便番号　101-0051
　　東京都千代田区神田神保町1-44
　　電　　話　03（3294）3506　　FAX　03（3294）3509
印刷・製本　株式会社シナノ

■落丁・乱丁の際はお取り換えいたします。

ISBN 978-4-7726-6136-2　NDC367　188×130